思路決定財路、出路、活路

Thinking

張旭 著

目錄
Contents

3章

4章

目錄
Contents

6章

思考自己的定位，用自知洞察出路／179

7章

用正向思考者的特質，演繹自己的人生／217

目錄
Contents

8章

想好了就去做，準備好就能贏得成功／257

前言

有信念，神奇的事情終會到來！

「股神」巴菲特曾說過這樣的話：「榨出我一克腦汁，再加上一萬六千元，我就可以創造出一千萬的價值。」可見，思路之中蘊涵了何等重大的價值。

目前的圖書市場上，有關職場勵志、企業管理的書籍可謂汗牛充棟，每一個有志於瞭解現代企業發展，學習一些職場實際經驗提升自己的人，都渴望從書籍裡獲得「真經」。然而幾乎所有的人逛書店時都有相似的經歷——在名目繁多、眼花繚亂的書堆面前舉棋不定，而在這方面，你大可放心的選擇這本書。本書絕對是一本深入淺出、活潑生動、對不同階層不同領域的人都頗有教益和啟發性的好書！

眾所周知，除了少數天才之外，大多數人的稟賦都相差無幾。那麼，是什麼原因造成人與人之間的差距如此巨大呢？答案就是**思路**！

一個人沒有技能，可以拜師學藝；沒有知識，可以求學問道；沒有金錢，可以籌借貸款……但一個人如果不善於思考，一切都無從談起。

思路即頭腦、思路即智慧、思路即用心……人之所以比機器高明，就是因爲人在生活中自始至終有自己的思路，包括想法、創意、挑戰、主動等等，正是這一區別成就了人生特有的價値。

如果成功是上帝對某類人的獎勵的話，那麼我們可以分析出太多成功的條件，諸如勤勉、敬業，諸如機遇、偶然性等等，但是在這本書的框架裡，沒有什麼因素能比「思路」更爲根本更爲核心的了。

本書運用了大量生動、詳實的個案，將在同類事項上不同的思路進行比較，從出路的差距中，說明了思維力的重要性。每個人的行爲、做法都是主觀思維在客觀世界中的反映。思維主導著我們的行動，從某種程度上說，每個人的思想以及思維方式決定著這個人的現狀和未來。

既然如此，在工作和生活中，我們就要採取一些科學的、高效的方法，讓思維正確地指導自己的行爲。而員工則需要在工作中重視思考，企業也需要在經營中重視思考。當然，這本書在具體的案例分析中，會非常具體地告訴人們應該如何做好思考。這本書不只讓我們懂得思考的重要性，同時告訴我們要做到有效地思考、有目的有計劃地思考，以及正面思考等方式方法。因此，本書是一本很有價値的書，値得每一位領導幹部和員工學習。

在競爭越發激烈的今天，是痛苦地抱怨、無奈地等待，還是從現在開始好好地「思考」，用自身的智慧發現問題的核心和關鍵所在呢？相信這本書就是最精彩的詮釋，好思路決定好出路，高效的思考工作，必然會使你擁有美好的前程！

因此，本書不僅適用於商海職場各界人士，也會使所有讀過它的人頗有收穫。

1章

思路決定出路
思考是成功的保證

思想決定行動，行動決定成功。
思想是思考的結晶，而成功是行動的結果。
因此，想要變成成功人士，先得學會如何像一個成功人士那樣思考！
這樣你的人生才不至於危機重重，你才能擁有強大的競爭力。

沒有思考就行動，只能使一切陷入無序

一個年輕獵人帶著充足的彈藥和擦得發亮的獵槍去尋找獵物。老獵手們都勸他在出門前把彈藥裝在槍筒裡，他並未聽勸，還是帶著空槍走了。「廢話！」他嚷道，「我到達那裡需要一個鐘頭，哪怕我要裝一百回子彈，也有的是時間。」

彷彿命運女神在嘲笑他的想法似的，他還沒走過開墾地，就發現一大群野鴨密密地浮在水面上。以往在這種情景下，獵人們一槍就能打中六七隻，毫無疑問，夠他們吃上一個禮拜的。可如今他匆匆忙忙地裝著子彈，此時野鴨發出一聲鳴叫，一齊飛了起來，很快就飛得無影無蹤了。

他徒然穿過曲折狹窄的小徑，在樹林裡奔跑搜索，但樹林是個荒涼的地方，他連一隻麻雀也沒有見到。

這年輕獵人的運氣還真是糟糕透頂，不幸的事情並沒有結束，只聽一聲霹靂，大雨傾盆而下。獵人被淋得渾身上下都是雨水，但袋子裡依舊空空如也，無奈之下獵人只得拖著疲乏的腳步回家去了。

那位年輕的獵人在看到獵物的時候才去裝彈藥，連作爲一名獵手最起碼的常識都沒有，當然不可能有什麼收穫了。

事前縝密的思考才是成功的保證！這點在阿爾伯特的身上得到了很好的驗證。

阿爾伯特有一個富足的家庭，但他還是想創立自己的事業，因此他很早就開始了有意識的思考。他明白像他這樣的年輕人，最缺乏的是知識和必備的經驗。因而，他有選擇地學習一些相關的專業知識，充分利用時間，甚至在他外出工作時，也總會帶上一本書，在等候電車時一邊看一邊背誦。他一直保持著這個習慣，這使他受益匪淺。後來，他有機會進入哈佛大學，開始了一些系統理論課程的學習。

又經過一次歐洲考察之後，他開始積極籌備自己的出版社。他請教了專門的諮詢公司，調查了出版市場，並從出版人威廉・莫瑞斯先生那裡得到了許多積極的建議。這樣，一家新的出版社——羅依柯洛斯特出版社誕生了。由於事先的思考工作做得好，出版社經營得十分出色。他不斷將自己的體驗和見聞整理成書出版，名譽與金錢相繼滾滾而來。

阿爾伯特並沒有就此滿足，他敏銳地觀察到，他所在的紐約州東奧羅拉，當時已經漸漸成為人們度假旅遊的最佳選擇之一，但這裡的旅館業卻非常不發達。這是一個很好的商機，阿爾伯特沒有放棄這個機會。他抽出時間親自在市中心周圍做了兩個月的調查，瞭解市場的行情，考察周圍的環境和交通。他甚至親自入住一家當地經營得非常出色的旅館，去研究其經營的獨到之處。後來，他成功地從別人手中接手了一家旅館，並對其進行了徹底的改造和裝潢。

他接觸了許多遊客，從那些遊客處瞭解了他們的喜好、收入水準、消費觀念等。根據他自己的調查，發現這些遊客正是對於繁忙工作的厭倦，才在假期來這裡放鬆的，他們需要更簡單的生活。因此，在旅館裝修時他讓工人製作了一種簡單的直線型傢俱。這個創意一經推出，很快受到人們的關注，遊客們非常喜歡這種傢俱。他再次抓住了這個機遇，於是一個傢俱製造廠誕生了。傢俱公司蒸蒸日上，也證明了他思考工作的成效。同時他的出版社還出版了《菲利士人》和《兄弟》兩份月刊，其影響力在《致加西亞的信》一書出版後達到頂峰。

我們可以看到，阿爾伯特的成功是建立在充分的思考基礎上的，所以他才能夠在面臨機遇時果斷出擊，正是思考意識成就了他事業的輝煌。

阿爾伯特深深地體會到，思考是執行力的前提，是工作效率的基礎。因此，他不但自己在做任何決策前都認真思考，還把這種好習慣灌輸給他的員工。

然而所有的一切都在一九一五年與被德國水雷擊沉的路西塔尼亞號輪船一同沉入了海底，過早地結束了。

剛剛而立之年的小伯特・哈伯德接管了羅依柯洛斯特公司。小伯特完全丟掉了父親阿爾伯特賴以成功的思考意識，丟掉了「思考第一」的企業文化，從而使原本欣欣向榮的企業走向沒落。雖然，小伯特養成了勇往直前的戰鬥精神和積極主動的工作態度，但他的這一特質也造成了他忽視思考，盲目衝動。

當阿爾伯特發現了小伯特這一致命的弱點後，就經常提醒他：「思考贏得一切！一個意識不到思考的重要性的人，無論做什麼都不會成功。」但是，小伯特卻從未把父親的話真正放在心上，他認為思考太簡單了，根本不像父親所說的那樣玄妙，一個人要想成功，只要勤奮、敬業就成了。

阿爾伯特去世後，面對家族企業中繁重的工作，小伯特毫不畏懼，他立志要完成父親還沒有完成的事業。於是，小伯特每天工作都在十二個小時以上，面對困難永遠勇往直前，忙碌的程度遠遠超過了他的父親。

但是，他的勞動卻沒有得到回報，漠視思考的弊端很快顯現了出來。他對圖書的構成和運作規律一無所知，也根本沒有去留意過傢俱市場的變化和風險，當然就更談不上什麼成熟的思路。日益忙碌的他悲哀地發現，他付出的努力幾乎沒有任何價值，企業開始走上了下坡路。

當時，管理層的意見又極不統一，這更讓小伯特無從下手。他不熟悉公司的業務，不懂市場，公司很快陷入了混亂狀態。由於小伯特的原因，公司原本形成的「思考第一」的企業文化已經蕩然無存，員工們也開始像小伯特一樣，什麼事情都是先做了再說。長此以往，工作效率自然極其低下，使得公司的危機不斷擴大。

阿爾伯特因對思考的極度重視而赤手打下一片天地；小伯特因對思考的重要性渾然無知，白白地葬送了一個企業。

父子兩個人的不同結局告訴我們：思考是一切工作的前提。只有充分地思考才能保證工作得以完成，而且做起來更容易；相反，沒有思考的工作是毫無頭緒的，也無法判斷結果，當然會留下許多漏洞和隱患，失敗也就不可避免了。

沒有思考，就去行動，只能使一切陷入無序，最終面臨失敗的局面。

一個缺乏思考的人一定是一個差錯不斷的人，縱然他具有超強的能力，遇到千載難逢的機會，也不能保證獲得成功。

「你越輕視思考，失敗就會越「重視」你」

坦率地說，任何人都不願意面對失敗。當技術人員發現自己辛辛苦苦開發的軟體被證明是漏洞百出時，當銷售人員費盡唇舌依然沒有簽到合同時，當一個管理者發現自己的團隊是一盤散沙時，那種沮喪、失落的心情確實令人難過。也許他們可以用無數個理由來為自己開脫，什麼運氣不好，一時疏忽，配合不當等等。但事實可以告訴我們，隱藏在這些失敗背後的真正原因就是：思考不到位。

在吸引了幾乎全世界人眼球的拳壇世紀之戰中，當時正如日中天的泰森根本沒有把已年近四十歲的霍利菲爾德放在眼裡，自負地認為可以毫不費力地擊敗對手。同時，幾乎所有的媒體也都認為泰森將是最後的勝利者。美國博彩公司開出的是廿二賠一泰森勝的懸殊賠率，人們也都將大把的賭注押在了泰森身上。

在這種情況下，認為已經穩操勝券的泰森對賽前的準備工作——觀看對手的錄影，預測可能出現的情況及應對措施，充足的睡眠和科學的飲食都敷衍了事。

但是，比賽開始後，泰森驚訝地發現，自己竟然找不到對手的破綻，而對方卻往往能突破自己的漏洞。於是，氣急敗壞的泰森做出了一個令全世界人都感到震驚的舉動：一口咬掉了霍利菲爾德的半隻耳朵！

世紀大戰的最後結局當然是：泰森成了一位可恥的輸家，還被內華達州體育委員會罰款六百萬美元。

泰森輸在思考得不夠，當霍利菲爾德認真研究比賽錄影，分析他的技術特點和漏洞時，泰森卻將教練提供的資料扔在了一邊；當對手在比賽前拚命熱身，提前進入搏擊狀態時，他卻在和朋友一起狂歡。雖然泰森的實力確實比對手高出一籌，從年齡上也占盡了優勢，但他最後卻輸得一敗塗地。

思考太重要，但也太平常了。我們大家幾乎每天都生活在思考之中，比如，思考中午吃什麼飯，思考晚上回家走哪條路才能快一點……正是因爲如此平常，所以，我們對它的重要性視而不見。

只有當思考的習慣成爲你身體的一部分時，它才會永遠在那裡，並幫助你取得令人驚訝的勝利。

我們以寶潔公司生產的嬰兒紙尿布為例，它的銷售市場遍及世界各地，在德國和中國香港市場都一度非常暢銷。

但好景不長，不久，德國的銷售點向總公司彙報：德國的消費者反映，寶潔公司的尿布太薄了，吸水性能不足。而香港的銷售點卻向總公司彙報：香港的消費者反映，寶潔公司的尿布太厚了，簡直就是浪費。

總公司感到非常奇怪：為什麼同樣的尿布，會同時出現太薄和太厚兩種情況呢？這讓公司的管理人員有點摸不著頭腦。

其實，這是寶潔公司的產品開發人員在設計產品時缺乏應有的準備，對產品銷售的不同市場沒有經過細緻的調研和考察所造成的。

在總公司通過詳細的調查後發現，同時反映太薄和太厚的原因，是德國和香港的母親使用嬰兒尿布的不同習慣所致。

雖然中西方嬰兒一天的平均尿量大體相同，但德國人凡事講究制度化，完全按照規矩行事，德國的母親也是如此，早上起來的時候給孩子換一塊尿布，然後就這麼一整天都不會去管他，一直到了晚上才會再去換一次。於是，寶潔公司的尿布相對於這樣的情況明顯就顯得太薄了。可是香港的母親卻是把嬰兒的舒適當作頭等大事，孩子只要尿布濕了就會換上一塊新的尿布，一天不知道要換多少次，所以寶潔公司的尿布在這裡就顯得太厚了。

顯然，寶潔公司的產品開發人員並沒有考慮到產品市場中不同國家之間的文化差異，在設計新產品的時候沒有做好相應的準備工作，結果弄得怨聲載道，使寶潔公司蒙受了不少的經濟損失。

產品開發人員忽視了對不同地域使用尿布習慣的調研，等待他們的就是無情的市場風險。曾經省下的調研成本，現在卻要付出十倍、百倍甚至千倍的代價。這就是「凡事預則立，不預則廢」的道理。也有力地論證了，你越「輕視」思考，失敗就會越「重視」你。

「能防患未然於前，遠勝治亂於已成之後」

春秋時，魏文王有一天求教於名醫扁鵲：「據說你家中兄弟三人，全都精於醫術，那麼誰是醫術最高明的呢？」

扁鵲答道：「大哥最好，二哥次之，而我是最差的。」

魏文王不解地說：「愛卿謙虛了吧，既然你是最差的，為何名氣卻是兄弟之中最大的呢？」

扁鵲解釋說：「大王您有所不知。大哥治病，多是在病情發作之前，那時候患者還覺察不到，但大哥卻早已當機立斷，把疾病滅之於無形。當然，這也使得大哥的醫術縱然蓋世無雙，也難以被世人認可。」

「二哥治病，多是在發病初期、症狀尚不明顯、患者尚未太過痛苦之時。這時候，二哥往往能夠及時剷除病根。但也正因如此，鄉里之人都認為二哥只是治療小病小痛頗為靈驗。」

「而我治病，大都是在其病情十分嚴重之時，此時患者通常痛苦萬分，患者家屬則心急如焚。這時候，他們看到我在經脈上穿刺、放血，或在患處敷藥以毒攻毒，動大手術直指病灶，使重病患者的病情得到緩解或者治癒。於是，我便僥倖得以聞名天下了。其實，跟大哥和二哥相比，我的醫術還差得很遠。」

扁鵲這番話無疑是在告訴我們：「最高明的醫術，不是事發後治療，而是事前控制。」這也對魏文王暗示了一個道理：作爲一個成功人士「能防患未然於前，遠勝治亂於已成之後。」

不少人都習慣於等到錯誤的決策和做事的結果已造成了重大的損失之後，才慌慌張張地去彌補，即使補救成功了，浪費掉的財力、物力、人力、時間也比事前控制要多得多：工作失誤要花時間來修正、產品品質出現問題要花時間重做、技術不過關要靠培訓來彌補……也就是說，一個本來用一天時間就可以完成的工作，卻要花費很多人一周的時間來完成。一個原本可以花費一塊錢生產出來的優質產品，卻要很多人在彌補產品品質的問題上再花費一塊錢！

在世界著名企業的危機管理中，有一個著名的反面案例。

一九九九年六月九日，在比利時有一百二十人在飲用可口可樂之後出現了中毒症狀：嘔吐、眼花以及頭痛。同時，法國也有八十人出現了同樣的症狀。

已經擁有一百一十三年歷史的可口可樂公司，遭遇了歷史上罕見的重大危機。可口可樂公司立即著手調查中毒原因、中毒人數，同時收回了某些品牌的產品，包括可口可樂、芬達和雪碧。

一周後中毒原因基本查清：比利時的中毒事件，是由於安特衛普工廠的包裝瓶內誤入二氧化碳所致；而法國的中毒事件，是由於敦克爾克工廠的殺真菌劑灑在了儲藏室的木托盤上而造成污染。

從結果來看，事故跟可口可樂本身並沒有太大的關係。但真正的問題卻是，早在事情發生前，可口可樂公司總部就得到過很多消息，反映可樂引起的嘔吐事件及其他不良反應。但可口可樂公司卻只是在公司網站上黏貼了一份相關報導，報導中充斥著沒人看得懂的專業詞彙，也沒有任何一個公司高層管理人員出面，對事件的中毒者表示深度關切，或者呼籲公司啟動危機管理方案！

這種舉動，無疑觸怒了公眾。結果，消費者認為可口可樂公司沒有人情味。很快，兩國的消費者不再購買可口可樂公司的軟飲料，而比利時和法國政府還堅持要求可口可樂公司收回其所有產品。

公司這才意識到問題的嚴重性，事發後的第十天，可口可樂公司董事會主席兼首席執行官道格拉斯・伊維斯特從美國趕到比利時首都布魯塞爾，一邊舉行記者招待會，一邊展開了強大的宣傳攻勢……

這次危機事件令可口可樂公司的企業形象和品牌信譽受到極其嚴重的打擊，其無形資產遭受嚴重的貶值，企業的生存和發展一度遭到了幾乎致命的衝擊：

一九九九年年底，可口可樂公司宣佈年利潤減少了百分之三十一，公司不得不花鉅資做危機後的廣告宣傳和行銷活動。

而競爭對手抓住這一機會，迅速地填補了可口可樂在各個地方貨架上的空白，並向可口可樂公司百分之四十九的市場份額發起了挑戰，致使可口可樂公司全球總損失達到一點三萬億美元，幾乎是最初預計的兩倍。公司在全球範圍內共裁員五千兩百人，董事會主席兼首席執行官道格拉斯・伊維斯特被迫辭職……

顯而易見，事件的根源是由於做事被動引起的，如果當初在比利時安特衛普的生產工廠裡，只要有員工發現包裝瓶內含有二氧化碳，或者不讓二氧化碳進入到瓶內，比利時的中毒事件就無從談起。

法國的中毒事件也是如此，如果那些殺真菌劑沒有灑在儲藏室的木托盤上，就不會造成對可樂的污染，那麼，後來的一系列麻煩，根本就不會存在。

更可怕的是，總公司沒有從一開始就積極主動地應急處理，從而使事件越鬧越大，最終差點就讓這家百年企業面臨傾覆的命運。

一些人往往認爲，在做事過程中遇到什麼問題就解決什麼問題，不用在做事之前就費那麼大的功夫去思考。恰恰就是這些人的這種觀念、態度和做事方式，造成了事情總是掛一漏萬、錯誤百出，就像前文說到的等到病重了才讓扁鵲治病一樣。

企業也許需要「萬金油」「救火隊員」式的員工，但是更需要那種可以未雨綢繆，防患於未然的人，因爲重複和返工總是損失慘重的！

任何優良的習慣和方法，如果不能在我們內心產生明確的意識和理念，即使再好的道理都有可能被人熟視無睹。如果你真的認識到了這個理念，那麼，建議你從明天早上起，對一天將要做的事情想一想，主動制訂個計畫，而不是在慌慌張張地盲目動手之後，才去思考。

要思考事物本質，而不是思考事物的形式

每一個人天生都具有思考的能力，思考表像很容易，但剝離表像的掩蓋去思考真理卻要難得多，其中需要付出的努力遠遠超過做其他的任何事情。

要做到正確的思考就要思考真理，而不是思考表像，要思考事物的本質，而不是思考事物的形式。

「思想有多遠，路就有多遠」，正如這句鼓舞人心的廣告語所說，一個人能走多遠，取決於他能想多遠。一個人成功的程度，取決於他的胸襟和眼界的廣闊程度。放眼現實世界，世界首富比爾•蓋茨、科學奇才霍金、香港華人首富李嘉誠、財富黑馬太平洋嚴介和、阿里巴巴總裁馬雲、著名功夫演員成龍……這些人的輝煌和成功給我們留下很多思考：爲什麼他們能在眾人中脫穎而出，創造奇蹟呢？究其原因，就是因爲他們身上具有一種東西——那就是與眾不同的思路，獨一無二、深徹獨特的思想精神，所以他們改變了自身的命運，也改變了這個世界。

正確的思路，好的思路，可以影響和改變很多東西，甚至可以改變一個人、一個企業乃至一個民族、一個國家的命運。

現實是最英明的裁判。著名企業家張瑞敏提出的「沒有思路就沒有出路」的思想理念，如今已經成為海爾集團的重要戰略理念，這個重要的戰略理念也是海爾獨有的創新文化之一。

正是在一系列科學而先進的創新觀念的指導下，在二十餘年的時間裡，海爾從一個虧空一百四十七萬的街道小廠，發展成為全球營業額上千億人民幣的國際化大企業，二十年間走過了世界同類企業一百年甚至更長時間走過的路。奇蹟般的業績，不僅使海爾成為國內企業中的佼佼者，而且也成為世界企業中的佼佼者，創造了一個令世界震驚的「海爾神話」。

海爾還有一個思路——只有淡季思想，沒有淡季市場。

七八月份是洗衣機的銷售淡季，海爾經過市場調查分析得出結論：不是夏天客戶不買洗衣機，而是沒有合適的洗衣機。夏天要洗的衣服也就是一件襯衣、一雙襪子之類的東西，用容量五公升的洗衣機，既費水又費電，非常不合算。據此，海爾開發了一種夏天用的洗衣機，是當時世界上最小的洗衣機，容量為一點五公升，而且有三個水位，最低的洗兩雙襪子也可以，這個產品一下子就在西方暢銷開了。

從一九九五年開始生產洗衣機到現在，海爾洗衣機的銷量在全國始終排名第一，主要原因就是，海爾人的新思路創造了領先的產品，打開了洗衣機銷售的新出路。對此，張瑞敏說：「我們賣給消費者的，絕對不是一個產品，而是一個解決方案。」

調查顯示，開發一位新客戶，要比留住一位老客戶多花五倍的時間。當客戶的基本生活需求滿足之後，客戶期待的不僅僅是產品和價格，更重要的是服務和尊重。

美國一對青年夫婦在用奶瓶給嬰兒餵奶時，發現市面上出售的奶瓶太大，八個月以下的嬰兒都無法自己抱住奶瓶吃奶。女方的父親恰好是一家工廠燒焊產品的檢查員，聽到他們的抱怨，便順口說，最好在奶瓶兩邊焊上瓶柄，嬰兒就能雙手抓著吃奶了。

一句話啟發了這對青年夫婦，他們設法將圓柱形的奶瓶改制成圓圈拉長後中間空心的奶瓶，投放市場銷售。結果六十天內賣出五萬個奶瓶，開業的第一年就收入一百五十萬美元。不經意間的一個小小的思路，創造了一個不小的奇蹟。

一個小小的改變，一個新的思路，往往會得到意想不到的效果。我們在日常生活中，千萬別失去思考力，要打開腦袋，創新思路，接受新知識、新事物。思路變，觀念變，局勢就變，結果自然大不相同。因循守舊、墨守成規，無論何時何地都沒有前途。正所謂：「要有出路就必須有新的思路，要有地位就必須有所作爲，只有敢爲人先的人才最有資格成爲真正的先驅者。」

在創業過程中，如果你想要開拓財路，不光要具備審時度勢的頭腦與眼光，還要能及時打破思想，提升意識形態，更新思路，在思想上創新。我們常說，有什麼樣的思路，就有什麼樣的行爲；有什麼樣的行爲，就有什麼樣的出路；有什麼樣的出路，就有什麼樣的命運，所謂「思路決定出路，出路決定財路」正是這個道理。

三種方式教你打破思維定式

羅蘭大師說：「**市場不是缺少商機，而是缺少發現。**」面臨激烈的競爭，我們要勇於打破思維定式，創造性地開拓市場，善於另闢蹊徑，巧妙經營，以最快的速度贏得主動權，贏得勝利。

下面教你三種打破思維定式的方法。

第一，學會聯想思維

聯想思維好比所羅門大帝的寶藏，而聯想思維的訓練就是挖掘這個寶藏所進行的考古過程。

我們要先確立這個寶藏的所在，有一個好的起點，然後要依靠知識和技能設想挖掘這個寶藏要遇到的困難，也許我們會遇到機關陷阱，也許我們會看到海市蜃樓，也許會有守殿的騎士阻礙我們的行程。當然我們的訓練與考古相比具有絕對的安全性，可是訓練的過程卻可以像考古一樣充滿奇趣。隨著聯想思維的拓展，你會爲自己的想法而驚奇！這個過程不會是枯燥的體育鍛煉，也不會是抓破頭皮的數學計算，可是需要你絞盡腦汁去想你從來未曾想過、以及你覺得根本不可能的問題，一切奇怪的意念也好，驚世駭俗的想法也罷，我們要的就是這樣的效果！

法國格洛阿是位天才數學家，有一天，他去找朋友魯柏，來到羅威艾街的一幢四層樓的公寓，走進二樓九室，看門的女人這樣告訴他，魯柏先生在兩星期以前就死了，是被人用刀子刺死的。魯柏先生父母剛寄來的錢也被偷去了，犯人還沒有抓到。

這女人抽了抽鼻子繼續說：「魯柏是我的同鄉，我每次做餡餅，總要給他嘗嘗，他死的時候，兩手還緊緊握著沒吃完的半塊餅。員警也感到迷惑，一個腹部受了重傷都快要死的人，為什麼要抓住那小塊餅呢？」

格洛阿問：「有沒有犯人的線索？」

看門的女人回答：「請說得輕一點，犯人肯定住在這幢公寓裡。出事前後，我都在值班室裡，沒見有人進這公寓。可是這公寓有六十個房間，上百人……」

格洛阿發動「腦細胞」，幫助尋找殺害他朋友的兇手。默默地過了幾分鐘後，格洛阿問：「三樓有幾個房間？」看門的女人答：「一號到十五號」。

然後格洛阿讓看門的女人帶她去看，走到三樓的走廊盡頭的時候，這位數學家問道：「這房間住的是誰？」看門女人說：「是個叫朱塞爾的人，是個浪蕩子，愛賭錢，好喝酒，他昨天已經搬走了。」

「糟糕！這個傢伙就是殺人犯！」格洛阿下了斷語。後來朱塞爾落入了法網，證實這事確實是他幹的。

大家來猜猜看，格洛阿是如何得出這樣的結論的？其實他的思路是這樣的：被害人手裡緊握著的餡餅是一種暗示，餡餅英語叫「pie」，而諧音在希臘語就是「π」。大家知道它代表圓周率，即三點一四，這塊餡餅所暗示的就是兇手住在三樓十四號房間。魯柏先生也喜歡數學，這就是他臨死時極力想留下的有關兇手的線索。

第二，在逆向思維中感受「柳暗花明又一村」

逆向思維幾乎在所有領域都具有適用性，從本質上講，它是客觀世界的對立統一性和矛盾的互相轉化規律在人類思維中的表現，當常態思維「山窮水盡疑無路」時，將思路反轉，有時會意外地「柳暗花明又一村」。

某次，歐洲男子籃球賽的半決賽在保加利亞和捷克斯洛伐克兩隊之間進行。

這場旗鼓相當的比賽異常激烈。離比賽結束時間還差八秒鐘時，保加利亞隊領先兩分，而且還是保隊底線開球。看來保加利亞隊已是穩操勝券。可奇怪的是，保隊的教練憂心忡忡，倒是捷克斯洛伐克的教練挺開心。為什麼呢？原來，保加利亞其他場次小分不如捷克隊，這場比賽淨勝捷克斯洛伐克隊五分才能出線。而要在八秒內打進三分真是太難了。

這時，保加利亞隊的教練果斷地要了暫停，面授機宜後，比賽繼續進行，只見兩位保加利亞隊員從底線開球後，開始將球帶往中場，這時，五名捷克隊員全都退回到自己的半場進行防守。突然，帶球的保加利亞隊員一個大轉身，縱身一跳，將球投中自己的籃球框。裁判的哨音也幾乎同時吹響了。全場比賽結束，雙方戰平。根據比賽規則，必須加賽五分鐘。

最後五分鐘，保加利亞隊士氣高昂，全力相拚，終於不多不少地以五分的優勢贏了這場比賽，拿走了決賽權。到這時人們才恍然大悟，不得不佩服保加利亞教練的高明。

保隊教練在這關鍵時刻出的奇招，完全超出了捷克隊、裁判以及現場觀眾的想像，甚至超出了比賽規則的正導向，它用相反的思路打破了人們正常的邏輯方向。經驗被逆向思維所超越。

逆向思維的最大特點就在於改變常態的思維軌跡，用新的觀點、新的角度、新的方式研究和處理問題，以求產生新的思想。

手島佑郎是一個先後在以色列和美國鑽研猶太商法達三十餘年的博士。一次，他做了題目為《窮，也要站在富人堆裡?!》的演講。演講中，他一一例舉了猶太商法的三十二種智慧。這時，一個遲到的聽眾遞上一張紙條，問到底什麼是猶太商法。

手島佑郎毫不思索，大聲說道：我在解釋前，先向你提三個問題吧。

第一個問題：如果有兩個猶太人掉進了一個大煙囪，其中一個身上滿是煙灰，而另一個卻很乾淨，那麼他們誰會去洗澡？

聽眾一笑：「當然是那個身上髒的人！」

手島佑郎也是一笑：「錯！那個被弄髒的人看到身上乾淨的人，認為自己一定也是乾淨的，而乾淨的人看到身上弄髒的人，認為自己可能和他一樣髒，所以是乾淨的人要去洗澡。」

第二個問題：他們後來又掉進了那個大煙囪，情況和上次一樣，哪一個會去澡堂？

聽眾皺了皺眉：「這還用說嗎，是那個乾淨的人！」

手島佑郎還是一笑：「又錯了！乾淨的人上一次洗澡時發現自己並不髒，而那個弄髒了的人則明白了乾淨的人為什麼要去洗澡，所以這次弄髒的人去了。」

第三個問題：他們再一次掉進大煙囪，去洗澡的是哪一個？

聽眾這次謹慎多了，支吾：「這……是那個弄髒了的人。不，是那個乾淨的人！」手島佑郎大笑：「你還是錯了！你見過兩個人一起掉進同一個煙囪，結果一個乾淨、一個髒的事情嗎？」

猶太人從商的英名如此享譽世界，不可不說其反覆逆向的換位智慧已經至臻至極。方位逆向，交換的可能只是物理的位置，獲得的卻是不可逆的、寶貴的時間。

人與人在思維上的方位逆向，在生活中更能體現出達觀機智的精神及幽默效果。

有一家人決定搬進城裡，全家共三口人，包括一對夫妻和一個五歲的孩子。他們跑了一整天，直到傍晚，才好不容易看到一張公寓出租的廣告單。於是，夫妻倆前去敲門詢問，可房東遺憾地說：「啊，實在對不起，我們公寓不招有孩子的住戶。」

夫妻倆聽了，一時不知如何是好。默默半晌，走開了。

那五歲的孩子，看到了事情的全部經過。忽然，他跑了回去，又去敲房東的門。門開了，房東又出來了。只見孩子精神抖擻地說：「爺爺，這房子我租了。我沒有孩子，只帶著兩個大人。」

房東聽後，高聲笑了起來，決定把房子租給他們住。

同一個意思同一群人，但是「兩個帶著孩子的大人」和「一個帶著兩個大人的孩子」這樣簡單的逆向表述，竟然用簡單的語序換位讓房東答應了不合理的要求。這個聰慧的孩子巧用「方位逆向」爲自己帶來了幸福。

第三，思維偏移也是突破性發現的好方法

思維偏移也稱換軌思維。有一個非常典型的故事解釋了這種思維方式。

第二次世界大戰後，美國建築業大發展，導致泥瓦工人一時供不應求，他們每天的工資漲到了十五美元。一個叫麥克的人看到許多「徵泥瓦工」的廣告，但他卻不去應徵，而是去報社登了一條「你也能成為泥瓦工」的廣告，他打算培訓泥瓦工。於是他租了一間門面，請了師傅，教材則是一千五百塊磚和少量礫石。那些想每天掙十五美元的工人蜂擁而至，這使麥克很快獲得了三千美元的純利，相當於他自己去當泥瓦工兩百天的收入。他獨特的思維方式使他邁進了管理者的階層。

當所有的思考都湧向某一方向時，最聰明的頭腦是：清醒地反思一下，看看還有沒有別的思路。因爲現在社會發展的趨勢告訴我們，若想掙錢，需要有獨特的智慧而不是簡單地隨大流。

換軌思維是一種工具，但同時又是一種境界，具有普遍的文化價值。下面這道國外課堂上的例題具有一定的象徵性，對於不同文化背景的人而言，結論可能不一樣。

一個風雨交加的夜晚，某人駕車在鄉村公路上行駛。這時，他看見有三個人正在路邊焦急地等著搭便車：一個是患了重病的老太太，一個是救過自己命的醫生，一個是自己心儀已久的漂亮女郎，而此時此車只能搭載一人，問，第一個應該搭載誰？

有趣的是，在國外學習的一些中國留學生對於這道題目，往往很難下結論。因為在他們面前，第一反應是文化性的，即在國內多年「先人後己」教育下的結論要「無私」，然後才是兩難的倫理選擇：先救病人還是先救醫生？至於漂亮女郎，表面上只能放到最後選擇，因為這符合我們的倫理秩序。

然而，有些國外學生竟然做出了這種巧妙的回答——把車鑰匙交給醫生，讓他送老太太去醫院，自己則陪漂亮女郎一起在風雨中前行。

思維阻滯現象常常是因爲思考過於專注在某一特定焦點和既定的軌跡上，那麼，要想獲得突破性發現，最好的辦法就是思維偏移，即從主流方向稍作偏移，以尋找新的出路。

在別人的經驗裡也能思考自己的出路

聰明人做事，都講究方法和捷徑。他們直接運用他人的方法，省略盲目的實驗過程，往往能夠事半功倍。

捷徑，並不是偷懶，也不是投機取巧，它代表了成就和效率。很多時候，尤其是在比較緊張的時候，尋找捷徑往往能取得非常好的效果。

聰明人看到一件事，首先想到的是通覽整個事件，然後思考是否能夠尋找到簡單的辦法，這就是老話所說的「磨刀不誤砍柴工」。

在一次數學課上，老師給大家出了這樣一道數學題：請問，將一至一百之間的所有自然數相加，和是多少？老師承諾，誰做完這道題，誰就可以放學回家。

為了能儘快回家享受那自由而快樂的美好時光，同學們都努力地算了起來，有的人甚至額頭上都滲出了汗。只有高斯一人靜靜地坐在自己的座位上。他一隻手撐著下巴，一隻手無意識地擺弄著手中的鉛筆。他在尋找一種可以快速解答這個問題的辦法。

過了一會兒，小高斯舉手交答案了。

「老師，這道題的答案是五〇五〇。」高斯很自信地說。

「你可以給出你的方法嗎？別人可連一半都沒有加完啊！」老師略帶吃驚地問。

「當然。你看，一百加一等於一〇一，九十九加二等於一〇一……以此類推，到五十加五十一等於一〇一時，恰好得到了五十個一〇一，因此最後的結果也就是五〇五〇了。」

老師對高斯的解答十分滿意，並確信他將來一定會有所作為。後來高斯真的成為世界知名的數學家。

做任何事情，都既要勤奮刻苦也要開動腦筋。只有找到方法，做起事來才會更快、更好。西方有句諺語，叫做Use your head，就是多多動腦的意思。許多人一生都遵循著這句話，解決了很多被認爲根本解決不了的問題。在現代社會，每個人都在想盡一切辦法來解決生活中的一切問題，而最終的強者是那些用最巧妙辦法的人。

2章

思路決定財路
觀念比資金更重要

市場風雲瞬息萬變，唯一不變的只有變化本身。
所以說，當今世界，靠腦袋致富是大趨勢所在，
億萬財富買不到一個好的想法，而一個好的想法卻可以賺億萬財富！

致富不是「上天恩典」，而是精確「學問」

沒錯，致富確實是一門學問！而且是一門精確的、人人都能學到手的學問。就像我們學習的代數和物理有定理、公式一樣，致富也有著內在的特定規律和法則。任何人只要掌握了這些規律和法則所蘊含的「特定的方式」並遵循這些「特定的方式」辦事，他就一定會實現自己的致富夢想，這是毋庸置疑的。

爲了讓讀者們更好地理解「致富是一門學問」，是按「特定的方式」行事的結果，我們可以從以下幾個方面來分析這個問題。

致富與否和環境好壞無關

如果說環境能夠決定一個人是否富裕，那麼我們就會看到這樣一種景象：在同一個特定區域中的人們都應該是富人或者同爲窮人，即同城皆富，或同城皆貧；舉國皆富，或舉國皆貧。

但是我們所遇到的實際情況卻是：在同一個環境中，做著同一行業的兩個人，他們的貧富差距卻判若雲泥。這一事實表明：環境不能決定一個人能否致富。當然，適宜的環境會更有利於人們致富。但是起決定性作用的應該是，是否按照致富法則辦事，以「特定的方式」行事。

致富與否和一個人的天分高低無關

也許有人會問，要掌握致富法則是不是很難？難道只有少數「財商」極高的人才能理解它、掌握它？大可不必爲此擔心！事實上，只要我們具有普通人的智力水準，我們就完全可以掌握並運用這一致富規律。

在現實生活中，我們也看到，天資聰慧的人能發財，遲鈍木訥的人也能發財；學識淵博的人能賺錢，才疏學淺的人也能賺錢；體魄健壯的人能致富，體弱力單的人也能致富。當然，要想致富，我們不能沒有起碼的學習和思考能力。

所以，掌握致富的規律，按「特定的方式」做事的能力不是只爲天才們所獨有的。我們在現實中不難發現，很多非常有天分的人仍然窮困潦倒，而另外一些不怎麼有天分的人卻富足一生。

而且，通過對富人的研究，我們發現：有些富人在很多方面都很普通，根本不比其他人更有天分和能力，有的富人甚至看上去還有點天資不足，但是他們能夠在堅定信念的支持下，不辭辛苦，不懈尋找致富的方法和規律，最終實現自己的財富夢想。

這就有力地說明，富人不是因爲擁有了其他人所不具備的天分和能力才致富的，而是因爲他們遵循了致富法則，按照「特定的方式」去做事，而這種「特定的方式」是人人都能夠理解和運用的。

致富也不是做別人做不到的事

道理很簡單，致富有致富的機巧，受窮有受窮的因果。如果我們不能按照致富規律的牌理出牌，那麼你的能量越大，離財富的距離就會越遠，這就是南轅北轍。

致富與否和我們是否擁有資金也無太大關係。很少有人會因爲資金的短缺而無法致富。當然，如果我們擁有資金的話，財富的增長會變得更快更容易。但是當一個人按「特定方式」擁有資金的時候，他已是一個富有者了。不必考慮資金的問題，即使我們是這世界上最窮的人，只要能夠按照「特定方式」做事，就能致富，就能擁有資金。擁有資金也是致富過程中的一部分，它是按照「特定方式」辦事結果的一部分。

致富之道是一門精確的學問，有其內在的嚴謹邏輯和規律

綜上所述，結論不言自明：致富就是按照某種「特定方式」行事的結果。這也就進一步說明：致富之道是一門精確的學問，有其內在的嚴謹邏輯和規律。

雖然我們承認環境好壞對致富與否並不起決定作用，但其影響還是有一些的。打個比方，一個人如果想把生意做成功，顯然就不能到撒哈拉沙漠腹地的無人區去找人做貿易。致富必然要和人打交道，做生意當然要考慮客戶群，要到有需求的地方做貿易才能夠有所斬獲，但是環境對致富的影響也僅止於此。

另外，雖然致富與我們選擇什麼行業或做哪一種職業沒有太大關係，因爲從事任何行業、做任何職業的人都有可能致富，但是有一點需要確定，那就是如果能夠從事我們所喜歡的，讓我們樂在其中的行業，我們會更容易致富，或者從事能夠展示自己某項特殊才能的職業，這樣我們會做得更好。

還有，從事那些因地制宜、因勢利導的行業，我們會更容易獲得成功。比如，賣霜淇淋的小店開在氣溫高的地方就比開在北極圈裡寒冷的格陵蘭島要賺錢。同樣，與其在不出產大馬哈魚的佛羅里達從事捕撈業，就不如到盛產這種魚的美國西北部沿海地區做生意，在那裡保證能做成大買賣。

以上這些條件只能在某種程度上對致富產生一定的限制，而起決定性作用的因素還在於我們是否諳熟致富的「學問」，能否以「特定方式」做事。

凡是那些以「特定方式」做事的人，無論是出於有意，還是出於巧合，最終都會成爲富有者，而那些沒有按「特定方式」做事的人，無論多麼努力，或多麼有能力，依然要遭受貧窮。正所謂「種瓜得瓜，種豆得豆」。

就算我們是這個世界上最窮的人，債務纏身，也沒有朋友，更沒有任何影響力、任何資源，但是如果我們能夠按照這種「特定的方式」行事，我們就一定會富有起來——如果你還沒有資金，你就能很快得到資金；如果你尚在一個不適當的行業中，那麼你馬上就能從事一個適當的行業；如果你仍處在一個錯誤的位置，那麼你很快就能找到正確的位置。

這個世界上，你不會因爲他人搶佔了致富的先機而失去機會，成爲窮人。雖然現實社會中的確有些資源、有些行業已經被壟斷，將很多人拒之門外，但是我們還是會看到，任何人都不缺少致富的機會，也絕不會因爲富人壟斷財富，設置壁壘而受窮。因爲當我們被某些行業拒之門外的同時，也會有另外的致富之門向我們敞開。

舉例爲證：對大多數人來說，要想在高度壟斷的鐵路運輸行業裡脫穎而出或許很難，但我們應該看到電氣化鐵路運輸正方興未艾，可以提供很多的致富機會，很有可能讓我們有奪位而起的一天。而且，航空運輸也會在未來幾年內成長壯大起來，而這一行業及其附屬的分支機構會提供成百上千甚至數百萬的致富機會。我們何不將目標轉向電氣化鐵路運輸或航空運輸，爲什麼一定要與鐵路運輸業的大佬們一爭高下呢？

人類社會一直在不斷地發展，我們的需求也在不斷地變化。在不同的歷史時期，會產生不同的致富機會，所謂因緣際會，不同的機會將人們帶往不同的方向。今天機會在農業，也許明天就在工業，後天就在商業了。總之，機會屬於順勢而為的人，而遠離「不識時務」的人。

有一點必須強調的是，財富的規律適合於所有人，前提是我們要按照「特定方式」行事。作為一個想引導財富來到自己身邊的人，是不應該囿於古訓，被舊有的思維習慣和無知所羈絆的，應該要順應機會的潮流，勇於創新，敢於突破，發揮自己的創造力，努力尋求致富之路。

人人都有致富的機會

之所以說人人都有致富的機會，還有一個更為重要的原因，就是財富的供給是沒有窮盡的。沒有人會因為財富的供應不足而受窮。自然界所擁有的資源足以供養地球上的每一個人。就人類目前的智慧而言，我們看得見的供應相當富足，我們尚未發現的供應更是取之不盡。之所以這麼講，是因為宇宙空間存在著一種叫宇宙能量的東西，萬物之形皆出自這種宇宙能量的運行，相對於人類的需求來說，宇宙能量的供給是無窮無盡的。世間萬物都出自宇宙能量的運行。宇宙能量以不同的頻率振動，表現為不同的物體，宇宙能量對人類的供給無限豐厚。

對於大自然的饋贈和給予，只要我們取之有道，當是用之不竭。

因此，沒有人會因爲自然的匱乏而受窮，或者因爲沒有足夠的供應而受窮。自然是取之不盡的財富寶藏，供應不會短缺。宇宙能量具有無盡的創造力，不斷地產生新的事物。當土地資源緊缺，耕地不足，無法供給食物和衣物時，宇宙能量就會在人力的作用下更新土壤，產生新的耕地或者創造出可以取代耕地的新事物來供養人類。宇宙能量供給著人類的一切所需，不會讓人類有任何匱乏。

人類作爲地球上的一個物種，總體上是越來越富有、越來越壯大的，偶然會有個體貧窮，那是因爲他沒有按照使個體致富的「特定方式」行事。

財富＝正確的想法＋足夠的時間

很多人都希望從名人的身上找到能夠走向成功的捷徑，爲此，比爾・蓋茨毫不吝嗇地給出了他自己的「人生公式」：財富＝正確的想法＋足夠的時間。

可是，這樣的人生秘訣讓每一個希望得到成功指引的人都覺得莫名其妙。人們可能會想，成功應該靠的是機遇、運氣、智慧或者其他更加神聖的因素，怎麼可能單單憑藉想法和時間就能夠獲得成功呢？

洛克菲勒用他的觀點給人們提供了一個參考答案，他說：即使是把我現在所有的財產都拿走，把我脫個精光放在沙漠裡，只要給我足夠的時間和一支經過沙漠的商隊，我也會很快再次成爲百萬富翁。所以，真正能夠指引人們生活的，不是現在的財富和經驗，而是你面對生活的想法。

正如在西方人當中一直流行著這樣一句話：**世界上最大的未開發資源不在南極洲或者非洲沙漠，而在你的帽子下面。**洛克菲勒就是憑藉他腦子當中的「想法」，經過了幾十年的歷練，形成了開闊的思路和「想法決定一切，想法能夠改變一切」的積極心態。只要有了想法，並且有了將想法付諸行動的意志，你就能夠走向成功。沒有機遇，你可以趁勢製造機遇；沒有財富，你可以尋找合作夥伴；沒有人脈，努力之後也能建立屬於自己的關係網……世界上的財富都是依靠思路來做牽引的，沒有一種成功不是由想法來塑造的。

在威斯敏斯特大教堂的地下室裡，英國聖公會的墓碑上刻著這樣的一段話：

當我年輕的時候，我的想像力從沒有受過限制，我夢想改變這個世界。

當我成熟以後，我發現我不能夠改變這個世界，我將目光縮短了些，決定只改變我的國家。

當我進入暮年以後，我發現我不能夠改變我的國家，我的最後願望僅僅是改變一下我的家庭。但是，這也不可能。

當我躺在床上，行將就木時，我突然意識到：如果一開始我僅僅去改變我自己，然後作為一個榜樣，我可能改變我的家庭，在家人的幫助和鼓勵下，我可能為國家做一些事情。

然後，誰知道呢？我甚至可能改變這個世界。

這段文字令許多世界政要和名人感慨不已。當年輕的曼德拉看到這篇碑文時，頓然有醍醐灌頂之感，覺得從中找到了改變南非甚至整個世界的金鑰匙。回到南非後，這個志向遠大、原本贊同以暴抗暴來填平種族歧視鴻溝的黑人青年，一下子改變了自己的思想和處世風格，他從改變自己、改變自己的家庭和親朋好友著手，歷經幾十年，終於改變了他的國家。

要想撬起世界，它的最佳支點不是整個地球，不是一個國家、一個民族，也不是別人，正是自己的心靈。

有人說，思維才是人生最大的財富。愛因斯坦也說：人們解決世界的問題，依靠的是大腦和智慧。所以，撬起世界的支點，不會是外在的環境，不會是你所擁有或者一直羨慕的財富，而是你的想法，你的思路。

在生活中，我們常常會看到一些人因爲失敗而傷心難過，也有一些人對成功有著強烈的渴望，但是外界環境總是阻撓他實現夢想的腳步。愛情不順利、工作不理想、生活太平淡、年輕的激情找不到釋放的出口，所以心裡會覺得格外的鬱悶。於是，很多人開始煩躁不安，夜不能眠，食不知味，巨大的精神壓力讓我們感受不到生活的快樂。可是，我們有沒有想過，爲什麼會這樣呢？爲什麼我們總是在承受生活的煎熬呢？關鍵就在於我們的想法，我們對待生活的態度。我們一直在悲觀地面對生活，當承受壓力的時候，首先告訴自己的不是應該怎樣去面對，而是很快地進入自我否定模式，總覺得自己無力承擔生活的痛苦，更加無力扭轉生命中的困境。

柏拉圖說：「思維是靈魂的自我談話。」思想告訴我們下一步的方向，決定著我們的行爲，也間接決定著事態的發展。永遠擁有積極正向的思維，時刻進行正向思考，我們就能時刻享有積極的信念，擁有持續的力量去牽引身邊的一切朝向積極的方向發展，爲自己踏出一條美好、寬闊的人生之路。生活是可以按照我們自己的思路去設計的，所以當你給予自己積極的心態時，你就會發現，成功離我們並不遙遠，財富也不會只在夢想裡陪伴我們。

想致富，就不要去思考和鑽研貧窮

我們想得到什麼就應該關注什麼，而絕不要注目它的反面。正如思慮疾病，我們不會得到健康一樣，健康的體魄與健康的心靈是息息相關的；而關注罪孽，也無從產生正義，正義的品格源自於對美好事物的嚮往和追求；同樣的，沒有一個人會因為思考和鑽研貧窮而使自己變得富足。

因此，請大家不要再去談論貧窮、研究貧窮，更不要去關注那些導致貧窮的種種原因。因為我們和貧窮沒有任何關係！與我們有關的只有財富！不過，請讀者朋友們不要誤會，這絕非是要教誨你去做一個冷酷無情的不具善良之心的甚至對饑餓的哭聲充耳不聞的人。而是，讓你在潛意識裡，把貧窮拋在身後，把所有與貧窮有關的事情拋在身後，全神貫注地走向致富的成功之路！

首先讓我們自己獲得財富。

這是我們幫助窮人的最好辦法。人人皆努力致富，世界上的窮人就會減少。

如果大腦中充滿了貧窮陰影的干擾，我們又怎能滿懷信心地描繪出清晰美好的財富圖景？如果失去了渴望和追求，我們又怎能擁有堅定的致富信念？沒有堅定的信念做動力，我們又怎能最終走向富裕？

換句話說，熟悉貧窮又能有什麼用處呢？我們對貧窮知道得再多，也不能消除貧困。消除貧困的最好辦法是徹底抹去大腦中的貧窮景象，讓自己滿懷信心去奔赴財富之路。

不要閱讀那些反映貧民悲慘生活的報紙和書籍，不要閱讀那些描寫貧寒者艱難度日的雜誌和讀物，諸如此類的報紙和書籍碰都別碰。總之，讓我們的大腦遠離任何關於痛苦和貧窮的陰暗報導。

但這並不意味著我們遺棄了生活在那種悲慘命運下的人們。而是因為貧苦的人們，真正需要的不是同情和施捨，而是精神上的鼓舞。施捨只能給窮人一片麵包，或者片刻的安慰，雖然能使他們暫時忘卻心中的痛苦，但其後，他們仍然得繼續生活在水深火熱之中。而只有精神上的鼓舞才能激勵窮人們從貧苦的世界中躍出，從根本上擺脫悲慘的命運。

如果真正希望普天下的窮人們都能夠擺脫貧窮，我們自己首先應該富裕起來。每一次致富經歷都是一個有力的證明，證明了窮人完全能夠成為富人。

讓我們都來證明，貧窮可以從地球上消失。這不是因為富人越來越關注貧窮，而是因為越來越多的窮人擁有了致富的決心和信念。

其次，創造和孕育，才是致富之本。讓越來越多的人們都來實踐本書所講的理念，讓越來越多的人消除貧窮，成爲富有者。

另外還有一條法則，人們也應該牢記：創造和孕育，才是致富之本；掠奪與不良競爭，無異於「飲鴆止渴」。

致富必須依靠創造，任何狡詐的伎倆都有違於致富的法則。只有創造出來的財富才會永遠屬於我們，而利用不良競爭和巧取奪來的財富，總有一天還會被奪走。

利用不良競爭聚斂了大量財富的人，時時都在恐懼身邊會出現更強大的競爭者。因此，他們會千方百計地阻止那些努力致富的後來者。我們可以想像，第一個通過競爭致富了的所謂成功者，因爲恐懼後來的人取而代之，他就會卑鄙地拆掉他藉以成功的階梯，以阻止後來者攀登的步伐。但是依靠創造走向富裕的人，卻爲成千上萬的後來者開闢了一條通路，爲他們做出致富的示範，從而引領他們通過新的創造拓寬這條通路，實現各自不同的財富夢想。

當我們不再徒然感傷於貧苦的命運，不再分心於貧苦的表像，當我們遠離描寫貧困的報導，擺脫對貧困喋喋不休的議論，停止關注貧困的緣由，我們絕不是在告訴世人自己是鐵石心腸，對世間悲苦冷漠無情，而是在集中精力勉勵我們自己，也號召更多的人們關注致富，運用意志的力量堅定自己的致富信念，讓貧困更快地遠離，直到這個地球上再也不會有它的影子和痕跡。

如果我們的注意力總是關注貧窮，無論是為現實的貧窮沮喪還是為假想的貧窮擔憂，那麼，我們的思想和精力就很難再有餘暇去關注財富。

再次，不要總是回憶自己在以往的致富過程中所遭遇的種種窘境與不順。即使那曾經對我們的傷害很大，此時也要完全拋開，想都不要想，更不要把這些事情時時掛在嘴上，記在心裡。

不要向別人講述我們的父母是多麼貧窮和窘迫，或我們的童年生活是多麼艱難，因為如果我們總是回憶貧窮或談論貧窮，那麼，在精神上我們已經把自己列入了窮人的隊伍，給自己打上了窮人的印記。這一切，只會壓抑我們對美好生活的憧憬，擊垮我們追求財富的信念。其可悲的後果是，我們用自己的力量阻斷了致富的道路，使自己永遠與財富絕緣。

「塵歸塵，土歸土」，讓過去的貧窮成為永久的過去吧！把所有與貧窮相關的事情統統拋到身後，把我們的全部心力凝聚到致富上吧！

我們應該恒信：宇宙智慧所指明的幸福和希望終會實現，但是如果我們反覆遊移於不同的觀念，一再南轅北轍，背離自己的目標，那麼，最終我們只能一無所獲。

不要閱讀那些充斥著陰暗描寫的文字，不要靠近那些陰謀論的異端邪說，更不要相信所謂「哲學家們」悲觀厭世的學說。他們鼓吹世界即將走向沉淪和毀滅，但事實上，這個世界並非像他們所說的那樣，而是恰恰相反，它正變得越來越和諧富足，越來越光明溫暖。

誠然，在我們所生活的現實世界裡還存在著許多不和諧的、令人悲傷的事情。但是隨著自然界的進化和人類社會的進步，世界上那些不和諧的事物和現象正在逐漸被淘汰。

當我們意識到它們終究會消亡，而且關注它們只會加速其消亡的速度，我們去研究它們又有什麼意義呢？當我們可以通過自身的發展推動社會的進步，我們又有什麼必要花費時間和精力去關注它們呢？

在一些國家或地區，人民的生活確實還很艱難。但無論這種情況多麼令人悲傷，我們也沒有理由沉溺其中，因為那只能讓我們浪費時間，斷送致富的機會。多想一想這個世界將要步入的富足未來，而不要考慮它將要擺脫的貧窮現狀。

並且一定要記住，我們能夠幫助整個世界富裕起來的唯一途徑，就是通過創造而不是不良競爭的方法，讓自己先富起來，先富帶動後富，最後達到共同富裕。

請忘卻貧窮，集中所有精力關注財富。相信我們的這個世界根本沒有貧窮，有的只是富足。

那些暫時還沒有富起來的人們之所以貧窮，是因爲他們忽略了本應該屬於自己的財富，我們能給他們提供的最好幫助就是向他們展示我們的富足和我們的致富思想、致富方式，讓他們認識到，世界的本質是富足的，只要他們肯於探求，就一定能得到財富。

還有一部分人之所以沒有富起來，是因爲他們思想上的懶惰。他們已經認識到世界的本質是富有的，但是他們寧願停留在目前的貧困中，也不願意動腦筋去尋求那致富的方法，爲致富採取行動。對這種人提供說明的最好方式還是向他們展示我們的富足，用我們的富足與美好給他們以感召和刺激，用我們的致富思想與方法給他們以示範。

而那些既認識到世界的本質是富足的，也願意付出努力去尋求致富之道，卻仍然貧窮的人們，是因爲他們使自己陷入了單純的理論或迷信了某種超自然力量的誤區。這些誤區讓他們的行動與思想南轅北轍，在致富之路上連連挫敗。對於他們，我們當然更應該用榜樣的力量予以幫助和提醒。

所以無論何時，當我們想到或談及窮人時，請把他們當作正在走向富足的人來看待吧，他們需要的是祝福而非同情。這樣，暫時的貧窮者也會從我們的思想和言談中得到啓示，在精神上受到鼓勵，充滿信心地追求富裕。

我們對這個世界的最好貢獻就是成爲一個真正的富有者。事實上，成爲真正的富有者應該是每一個人一生當中都應該追求的最偉大目標，它包含了人生所擁有的一切。成爲真正的富有者，我們就能擁有高貴的心靈和健康的體魄，就能成就一個完美的人生。

「放飛致富夢想，鑄「念」成金的六條途徑」

我們生活的這個世界，任何時候都需要新的想法、新的做事方法、新的領軍人物、新的發明、新的形式以及各種各樣的新變化。對於更新更好的事物的追求，需要你掌握一種品質，那就是明確的目標、對於自己夢想的清醒認識以及實現夢想的強烈欲望。

如果你的確想發財，請記住，這個世界真正的領軍人物，總是那些善於把握機會並善於利用機會的人。而機會的威力是無形的、看不到的。這些領軍人物把機會轉變成了城市、摩天大樓、工廠、交通、娛樂，以及可以將生活變得輕鬆、快捷、美好和更加舒適的形形色色的便捷事物。

在你打算要獲取這些財富的時候，不要讓任何人把你看做一個夢想家。要想在這個瞬息萬變的世界贏得勝利，你就必須具備偉大的先驅精神，這些人把他們所有的夢想都賦予了文明社會，正是這種精神構成了維繫我們國家生命的血液。

擁有欲望並具有強烈的實現欲望的心理是放飛夢想的起點，冷漠、懶惰和沒有志向都不會萌生夢想。

當愛德溫・巴恩斯從新澤西州的西奧蘭治的貨運列車上爬下來時，看起來就像個流浪漢，但在他的心中，自己就是一位王者。

在他沿著鐵軌向愛迪生的辦公室走去的時候，他的大腦在思考，好像看到自己站在愛迪生面前，似乎聽到自己在跟愛迪生說想要有個機會可以去實現他的一個強烈欲望——成為著名發明家的合夥人。

巴恩斯的想法不是一種希望，也不是一種願望，而是一個令人激動心顫的欲望，跟這個欲望相比，其他一切都相形失色，而這個信念卻異常堅定。

幾年後，在第一次遇見愛迪生的那間辦公室裡，巴恩斯又一次站在了愛迪生的面前，這一次他要與愛迪生一起共事，他的第一個夢想終於變成了現實。

巴恩斯成功了，因為他選擇了一個明確的目標，他用自己全部的精力、全部的心願和全部的努力，甚至可以說傾盡一切去實現那個目標。

五年過後，他一直苦苦尋求的機會才真正出現。但在這五年裡除了他自己之外，所有人都覺得他只是愛迪生生意圈中的一個小人物，而在巴恩斯自己心中，從他在那兒開始工作的第一天起，他就每時每刻都是愛迪生的合夥人。

這是堅定欲望產生強大力量的一個鮮活例證，巴恩斯實現了他的目標，這是因為他一心只想要成為愛迪生的合夥人，別無他求。他擬定了一個計畫，並且按照這個計畫去實現自己的目標，他斷絕了自己所有的退路，就靠自己的欲望支撐著，這個欲望成了他生活的強烈願望，而最終，這個願望變成了現實。

在他去西奧蘭治的時候，他沒有對自己說「我要盡力勸說愛迪生給我一份像樣兒的工作」，而是說「我要見愛迪生，要讓他知道，我來是要和他一起共事的」。他沒有告訴自己「萬一我在愛迪生那裡得不到我想要的東西，我還會努力尋找另外的機會」，而是說「在這個世界上，我一心只想要做一件事，那就是要成為愛迪生的事業夥伴，我要斷絕自己的一切後路，傾盡我餘生的全部能力去得到我想要得到的東西」。

他沒有給自己留一點兒退路，他必須贏，否則，毋寧死！

如果你想要做的事情是正確的，你就要相信它，就要付諸行動去實現它。如果你遇到了暫時的失敗也不要介意別人說什麼，別人不會明白每一次失敗都同樣會成爲你成功的機會。

馬可尼有一個夢想，他想要建立兩地間無線傳輸聲音的系統。但也許你並不知道，當馬可尼宣佈他已經發現了可以無線傳輸資訊的原理時，他的「朋友」卻把他關進了拘留所，並把他送到精神病院進行檢查。沒有人相信可以實現，無線傳輸資訊。人們認爲馬可尼簡直是白日做夢。但可以證明他並非白日做夢的證據在當今世界比比皆是：無線電收音機、電視機、行動電話、通信衛星以及其他各種無線設備。

所幸的是，現在的夢想家們的結局往往要好得多。當今的世界存在著很多的機遇，而這是過去的夢想家永遠無法想像的。

如果你對這一切持懷疑態度，如果你因爲剛剛經歷的失敗而感到沮喪，那你就得學會如何去把失敗變成你最寶貴的財富。每個成功人士都是從失敗開始的，他們都是在經歷了許多痛苦的掙扎之後，才取得了成功。那些成功者生命中的轉捩點通常都是在一些危機時刻，經過了一些危難之後他們才得以找到「另一個自我」。

西德尼·波特在他遇到了巨大的不幸之後才發現他的守護神原來就沉睡在自己的大腦中。他因為挪用公款而獲罪，被關押在俄亥俄州的監獄中，而就是在那裡他認識了他的「另一個自我」。

在被關押期間，他以歐・亨利為筆名，開始從事短篇小說的寫作。後來，他把自己寫的那些小說賣給了一些刊物。在充分運用了自己的想像力之後，他發現自己可以成為一個偉大的作家，而不是一個可憐的囚犯和被遺棄的人。到刑滿釋放的時候，歐・亨利已經成為美國最受歡迎的短篇小說作家。

愛迪生夢想一種可以用電點亮的燈，在他把夢想付諸行動的過程中，失敗了不下一萬次。雖然經歷了無數次的失敗，但他一直堅持自己的夢想，最後終於發現「神靈」就在自己的大腦裡。

亨利・福特小時候的家境非常貧寒，他沒上過學，但夢想有一種不用馬拉的車輛。他沒有坐等機遇，而是用自己掌握的工具開始行動。現在，他的夢想已遍佈全球，他比任何人投入的都多，因為他對自己的夢想充滿信心。

期望和做好準備並用心接受之間是不同的，沒有做好準備之前沒人相信自己能夠得到什麼。這種思想狀態一定是信念，而不是希望和願望。開放性思維是信念的核心，封閉思想是不會激發信念、勇氣和信心的。

請記住，爲了想發財和成功以及追求更高的生活目標所做出的努力與接受痛苦和貧窮所需要付出的努力相差並不多。

如果沒有想發財的強烈欲望，不相信自己會擁有這些財富，那麼你永遠也不會成爲富豪。

將致富的欲望轉變成等量的財富，有六條明確具體、可操作的方法：

・要明確你心中想得到的具體錢的數目。僅僅說「我想要很多錢」是不夠的，必須有具體的數目（在後面的章節中將解釋明確具體數目的心理原因）。

・確定你爲了獲得你所想要的錢而打算付出什麼（「不勞而獲」是不現實的）。

・確定你打算獲得你所想要得到的錢的具體時間。

・擬定一個實現你理想的具體計畫，無論有無準備好，都要立刻付諸行動。

・現在把這些寫下來，詳盡清晰地寫出你打算獲得的錢的數目，確定你得到這些錢的時間期限，明確你爲獲得這些錢而打算付出的代價，擬定具體計畫，並按照計畫逐步去實踐。

•每天兩次大聲說出你寫的內容。晚上睡覺前說一次，早晨起床前說一次，邊說邊看邊感覺，要認為自己已經擁有了這些錢。

遵循這六個步驟的行動方法是非常重要的，而遵循和奉行第六個步驟的做法更為重要。有人可能會抱怨說：在還沒實際得到錢之前就「認為自己已經有錢了」是不可能的。這就是強烈的欲望能幫你做到的，如果你渴望財富的欲望真的很強烈，你的信念就會成為一種揮之不去的念頭，那麼得到這些財富就不成問題了。你的目標是要擁有財富，要下決心去得到它，那麼你就要堅信你一定能做到。

「自我暗示，將欲望轉化為與之相應的財富」

在將欲望轉化爲與之相應的金錢財富時，自我暗示是非常重要的，以下的內容對於理解自我暗示的重要性也是非常重要的，即按照自我暗示的原則通過宣讀誓言或向潛意識重複發出指令，因爲欲望是一種可以感應或增強的思維狀態。

重複誓言就像向你的潛意識發送指令一樣，而且這是已知的主動增強信念即增強做事的堅定信心僅有的方法。

比如說，想想你爲什麼要讀這本書，因爲你想要獲得把欲望這種無形的思想動機轉化爲與之相應的財富的能力。按照後續幾章裡有關自我暗示和潛意識方面所做出的指導，你將學會誘發你潛意識的技巧，在潛意識中你會相信自己會獲得想要的東西的，從而你的潛意識就會對你的信心產生影響，並以信念的形式回饋給你，如果再加上具體的計畫，那麼你就真的可以得到你想要的東西。

相信自己和自己的能力，就會成爲你能夠按照自己的信念行動的一種思想狀態。因爲當你應用這些原則的時候，信念就成了在你自身內部自然產生的一種思想狀態。

情感，或者思想的「感覺」部分，是給你的思想以活力、生命和震動的部分，當欲望、愛和性這些情感與任何一種思想衝動融合在一起的時候，就會對你的思想產生更強烈的震動。所有被情感化的思想與信念特別是你對自己能力的絕對自信會促使你將欲望轉化爲與之相應的現實。然而，這不僅僅單指與欲望相融合的思想動機，對任何情感也都是這樣的，包括消極情感。

這個意思是說，潛意識對思想動機會產生積極有益的作用，也會對思想動機產生消極有害的作用。下面引用的是一位著名的犯罪學家的觀點：「人們第一次碰見罪犯的時候，會非常痛恨他們；如果在一段時間裡經常接觸罪犯，就會對他們習以爲常，而且能容忍他們；而如果與罪犯長期相處到了一定的程度，最終會接受他們，並且會受到他們的影響。」

這個說法與我們所說的道理一樣，也就是說如果不斷對潛意識施加積極的思想動機，等達到一定的程度，就會被潛意識接受並對其產生影響，進而潛意識會通過最可行的方式把這種動機轉變爲與之相應的現實。

這也就是爲什麼會有如此多的人都把自己坎坷的經歷歸結爲厄運這種奇怪現象的原因。許多人都相信自己的貧窮與失敗是由被他們稱之爲厄運的神奇力量所驅使的，對厄運他們自認爲無法控制。但實際情況是，他們才是自己不幸的根源，因爲潛意識接受了相信厄運的這種消極資訊，並把它轉化成了與之相應的現實。

你的信心或欲望，是決定你潛意識行爲方式的根本。請允許我再次強調，你完全可以把你想要獲取相應的金錢財富的信念傳遞給你的潛意識。只要相信自己的信念一定會變成現實，並且把這種信念以一定的方式傳送給潛意識，潛意識就會以最直接、最有效的方式使之轉化成與之相應的事實，這樣你就一定會從中受益。

在這一點上必須注意，從潛意識的活動方式上看，當你通過自我暗示向潛意識傳達指令的時候，沒有什麼能夠阻止你「哄騙」自己的潛意識。

無論你對自己重複說什麼，無論你說的那些正確與否，事實上你都會慢慢接受。如果你對自己一遍遍地重複一句謊言，最終你會把那謊言當成事實來接受，而且你會信以爲真。你之所以成爲現在的樣子就是因爲你只允許那些主導思想來佔據你的頭腦。你有意識植於自己大腦中的思想，加上自己的同情心，並與其他一種或幾種情感融合在一起，就會形成激勵動力，從而每時每刻去指引和控制你的反應和行爲。

下面這些話是對真實情況的一個非常有意義的表述：與任何情感相融合的思想都會變得具有魔力，從而能夠吸收其他相似或相關的思想。

一種被情感賦予了「魔力」的思想就好比是一粒種子，當把它種在肥沃的土壤裡的時候，它就會發芽、生長並不斷繁殖下去，這就是原本小小的一粒種子能夠變成無數種子的道理。

人類的思想在不斷地吸引、主宰與意識同步的情感反應，存在於你頭腦中的任何思想、觀點、計畫或目標都會吸收大量相關資訊，用這些相關資訊增強自己的實力，並不斷成長壯大，進而成爲人類大腦中的主要動機。

怎樣才能把觀念、計畫或目標的第一粒種子植入你的大腦呢？任何觀念、計畫或目標都可以通過不斷重複的方式植入你的大腦中。這也正是要求你寫出你的主要目的或確切的首要目標，把它們儲存到你的記憶中，並且每天大聲重複地說出來，直至這些聲音深深地植入到你的潛意識中的目的。

你現在的狀況是因爲你只允許那些主導思想佔據你的頭腦所導致的。如果你那樣做了，你就應該摒棄過去的那些不良影響，重新構建你夢想的那種生活方式。例如，把你的精神財富和不利條件梳理一下，你可能會發現你的最大弱點是缺乏自信。通過自我暗示，這是可以克服的，而且可以被轉變成勇氣，同時你可以把自己積極的想法記錄下來。

下面這些例句，是爲那些把克服缺乏自信作爲確切目標的人準備的。不僅要牢記還要不斷重複，直至這些想法在你的潛意識中發揮作用。

自信箴言

．我知道我有能力實現我生活的確切目標。因此，我要求自己要執著，朝著這個目標不斷努力，決心從我做起，從現在做起。

．我明白自己大腦中的主導思想最終會表現為實際行動，並慢慢地變為現實。所以，我每天要用三十分鐘集中精力審視未來人生，腦中要始終保持一個清醒的目標。

．通過自我暗示，我知道自己心中的欲望都會最終找到實現的方法。所以我將每天用十分鐘的時間全身心投入，培養自己的自信心。

．我已清晰地描繪了自己確切的人生目標，我永遠不會停止努力。為了達到這個目標，我一定要使自己擁有充分的自信。

．我充分意識到只有建立在真實和正義基礎上的財富或地位才能持久。因此，不能讓大家都從中受益的交易我不做。我要充分發揮自己應有的實力，與他人合作，取得成功。我還會說服他人來幫助我，因為我也很願意幫助別人。我要用對眾人的愛來化解一切仇恨、嫉妒、猜忌、自私和冷嘲熱諷，因為我知道，如果我消極地對待別人，是不會給自己帶來成功的。我要讓大家相信我，因為我相信大家，也相信自己。

．我要在這些箴言上簽上名，把它們記住，每天大聲重複幾遍，堅信這會對我的思想和行為產生影響，那樣，我就會變成一個自信和成功的人。

積極心態和肯定的價值觀才能導致財富

「在我的字典裡，沒有『不可能』的字眼。」

美國著名的成功學家拿破崙・希爾，年輕的時候有一顆要當作家的雄心。要達到這個目標，他知道自己必須精於遣詞造句，字詞將是他的工具。當時他家裡很窮，不可能接受完整的教育，因此，很多朋友好心勸他，放棄那「不可能」實現的雄心。

年輕的希爾存錢買了一本最好的、最完全的、最漂亮的字典，但是他首先做了一件特別的事——找到「不可能」這個詞，用小剪刀把它剪下來，然後丟掉。於是，他有了一本沒有「不可能」的字典。他告訴自己，沒有任何事情是不可能的。

在富人的致富寶典中，從來沒有「不可能」這個詞。他們談話中不提它，腦海裡排除它，態度中拋棄它，不再爲它提供理由，不再爲它尋找藉口，把這個詞永遠地抹殺，而用光輝燦爛的「可能」來替代它。

古時候，有個人因冒犯皇帝被判了死刑。行刑前，他向皇帝保證，他可以在一年內教會御馬在天上飛。皇帝將信將疑，囚犯被恩准緩刑，但是如果不成功，他將被用更加殘酷的刑法處死。還沒到一年，國家發生暴亂，囚犯乘機越獄逃跑了。

在一年之內，國王可能會死掉，馬也可能會死掉，誰也不能洞察一年內的一切。也許，那馬真的學會了飛呢？囚犯聰明地使了「緩兵之計」。馬在天上飛，誰都知道是不可能的。一個被判死刑的囚犯，誰會想到他還能活下來？可是，他卻炮製了一個「不可能」挽救了另一個「不可能」，由此看來，在任何「不可能」面前，我們都應該積極地去想去做，與其坐以待斃，不如努力地尋找出路也許奇蹟就會發生。

從古至今，人們不斷地創造著一個又一個奇蹟。看過下面這個傳說之後，你就會明白，只有相信奇蹟的人，才能創造奇蹟。

在埃及著名的塞貝多沙漠裡，在方圓一百五十平方千米的不毛之地中，在終年酷熱無雨的一片漠漠灰沙間，一株繁茂大樹巍然屹立特別引人注目，這棵阿拉伯語叫作巴旦杏的樹，樹高不過一丈，樹幹可容兩人合抱，據說樹齡已經有一千六百多年了。

西元三四六年以前，一個名叫小約哈尼的青年決心皈依伊斯蘭教。為了考驗他的決心，一位叫阿帕・阿毛的聖者把一根用巴旦杏樹枝製成的手杖插在塞貝多沙漠裡，他對小約哈尼說：「你要一直澆水，直到這樹紮下根，結了果為止。」

巴旦杏樹生命力極強，只要有水隨處都能扡插成活，但沙漠中最缺的就是水，而且聖者插下手杖的地點，離最近的水井也有一天路程。井裡的水簡直是涓涓細流，想把水缸裝滿水，則需要整整一夜的時間。

這是一件艱苦卓絕的工作，成功的機率近乎為零。然而，小約哈尼沒有放棄，他不分晝夜地挑水，連續三年從未間斷，以超乎想像的毅力堅持不懈。因為只要停頓一天，那棵樹就會立即被烈日的毒焰燒死，所做的一切都會前功盡棄。

所有堅韌不拔的努力都能把不可能變成現實。在汗水與井水的澆灌下，巴旦杏手杖紮下根、抽出芽、綻開葉、開了花，最後還結了果。

小約哈尼種巴旦杏樹的故事，代代相傳、延續不絕。直到今天，附近寺院裡的繼承者們，仍和小約哈尼一樣，矢志不移地為那棵古老的樹運水、澆灌！

有人做過一次嘗試，粗略地計算了養護這棵樹的成本：漫長的歲月裡一共耗費了五十萬個人工，如果將這五十萬個人工折算成工資，再加上放棄休息的夜間加班，將是一筆無法估計的巨大財產。時間是衡量成功機率的一種尺度，如果你能很好地利用，把它拓寬加長，它就會為你創造奇蹟。

有些事情人們之所以不去做，是因爲他們認爲不可能。而許多不可能，只存在於人的想像之中。

世間的事非常奇怪，越是人們認爲不可能的事情，做起來越順暢。相反，如果人們都認爲可能的事，做起來反而磕磕碰碰。這樣的事還真不少。

一四八五年五月，為了實現自己的航行計畫，哥倫布親自到西班牙去遊說：「我從這兒向西也能到達東方，只要你們拿出錢來資助我。」

當時，誰也沒有阻止他，因為當時的人們認為，從西班牙向西航行，不出五百海浬，就會掉進無盡的深淵。至於說到達富庶的東方，是絕對不可能的。

可是，他第一次航行真的成功了。但在第二次遠航的時候，他卻遇到了空前的阻力，甚至還有人在大西洋上攔截，並企圖暗殺他。原來認為「不可能」的人不再堅持了，而且百分之百認為哥倫布的航線絕對能夠到達富庶的東方。

在追求財富的路途中，時間就是金錢，每個人都在尋找自己的最佳路徑。在不知該怎樣選擇的時候，順其自然恰恰是最佳選擇。只要你仔細觀察周圍的一草一木，善於思考人的一舉一動，分析事情的前因後果，無數的靈感和啓示就會源源不斷地闖入你的大腦，「不可能」被無數的「可能」一掃而光。

一台現場直播的綜藝晚會上，正在進行一個叫「童言無忌」的節目。一群五六歲的孩子依次回答主持人的提問，孩子們的回答充滿童趣。最後一個問題是：「長大了你想幹什麼？」一個六歲的男孩迫不及待地大聲說：「我想當總統。」主持人追問他：「你想當哪個國家的總統呢？」「美國總統！」聽到這裡，在場的觀眾都為之大笑。然而，令所有在場的大人們更難忘的，是他的最後一句話：「讓美國不再打仗！」

童言稚語不得不引起我們的感慨，連小孩都有敢想的野心，我們這些成年人究竟是怎麼了？野心是每個人自己的財富，是你在這個世界上唯一值得自豪的東西。你將會注意到，一切都是從你的野心開始的。

富人最大的資產就是敢想敢做。你的頭腦就是你最有用的財富。成功者從不墨守成規、堅守現狀，而是積極思考，千方百計創新突破。

諾貝爾文學獎得主加西亞・瑪律克斯回答他是如何走上寫作道路時，曾這樣說：

「有一天晚上，我回到我住的公寓，開始讀弗朗茨・卡夫卡的小說《變形記》。讀了第一行，我差點從床上掉下來。我非常驚訝，書上寫道：『一天早晨，格里高爾・薩姆沙做了一個令人驚擾不安的噩夢後醒來，他發現自己在被窩裡變成了一隻可怕的大甲蟲……』讀了這一行，我就想：『難道可以這樣寫嗎？』如果我早點知道可以這樣寫的話，我早就幹寫作這一行了。因此，在讀了卡夫卡的作品後，我就開始寫小說了。」

商海中，類似於瑪律克斯這樣受到啓發、啓動智慧、煥發雄心的能人很多很多。只要相信你是可以的，你就做得到。億萬富翁亨利・福特曾說，「思考是世上最艱苦的工作，所以很少有人願意從事它。」

斯坦福大學的一位富翁，在談到他成功的秘訣時，他說：「導致人們成功致富的要素不是資本，不是財富，不是關係，更不是那些看起來金光閃閃的東西，而是我們的內心。在我們的內心中，積極的心態和肯定的價值觀是導致人們致富成功的重要因素。」

真正的敢於追求大成功的野心，絕對是一種積極的心態。美國成功學院對一千位世界知名富人的研究結果表明：積極的心態決定了成功的百分之八十五。美國聯合保險公司董事長斯通指出：「你隨身帶著一個看不見的法寶，這個法寶的一邊裝飾著四個字──『積極心態』，另一邊也裝飾著四個字──『消極心態』。這個法寶有兩種令人吃驚的力量，它有獲得財富和成功的力量，也有排斥這些東西的力量。積極的心態是一種力量，可以使人攀登到頂峰，並且逗留在那裡；消極的心態也是一種力量，可以使人在他們整個人生中都處於底層。雖然有些人已經到達頂峰，但消極的心態也會把他們從頂峰上拖下來。」

人與人之間只有很小的差別，但卻往往造成了人生結果的巨大差異。很小的差別就是心態是積極的還是消極的，巨大的差異就是結果的成功與失敗。有了積極的思維並不能保證事事成功，因爲積極思維雖會改善一個人的日常生活，但並不能保證他凡事心想事成。可是，相反的態度則必敗無疑，實行消極思維的人必不能成功。

現在是打掃你內心世界的時候了，將所有的消極思想清除乾淨，做一個富有的提倡者。

・言行舉止看富人。積極的行動會導致積極的思維，而積極的思維會導致積極的心態。反過來，積極的心態催生積極的思維，積極的思維引導積極的行動。消極心態者總是在等待，積極心態者總是在追趕。

・心懷必勝、積極的想法。美國億萬富翁、工業家卡內基說過：「**一個對自己的內心有完全支配能力的人，對他自己有權獲得的任何其他東西也會有支配能力。**」當你把自己看作成功者時，你就離財富不遠了。積極和消極總是在人的心中此消彼長，就如同一塊地裡的莊稼和野草，不是雜草叢生莊稼枯死，就是莊稼茁壯雜草孱弱，當然，你最後收穫的東西肯定也不一樣。

・走近富人，感受積極。隨著你的行動與心態日漸積極，你的信心和目標感也會日益增加。緊接著，你就應該大膽去接觸那些看似遙不可及的富人們。跟積極樂觀者在一起，你會更加積極，更加自信。正所謂，近朱者赤，近墨者黑。

・讓別人感到你的重要。每個人都有一種欲望，即感覺到自己的重要性。這是我們每個人自我意識的核心。如果你能滿足別人心中的這一欲望，他們就會對你抱積極的態度。而使別人感到自己重要的另一個好處，就是反過來也會使你自己感到重要。

培養強烈野心，賦予追求財富的動力

有一股力量能夠使你馬到成功，隨心所欲，不管你曾經遭遇過什麼障礙、阻撓、挫折、失敗，有了這一股力量，你就能排除萬難，勇往直前，直叩成功之門。這股力量來自強烈的「野心」，所以，我們應當把追求成功的欲望轉化爲一種必須實現欲望的強烈野心，強烈的野心賦予我們追求的動力和堅強自信的能力。

巴拉昂曾是一位媒體大亨，以推銷裝飾肖像畫起家，從貧窮到富人的蛻變，他只用了短短的十年時間，十年之後，他就迅速躋身於法國五十大富翁之列，不過他因前列腺癌於一九九八年在法國博比尼醫院去世。臨終前，他留下遺囑，把四點六億法郎的股份捐獻給博比尼醫院，用於前列腺癌的研究，另有一百萬法郎作為獎金，獎給揭開貧窮之謎的人。

其遺囑刊出之後，媒體收到大量的信件，有的罵巴拉昂瘋了，有的說是媒體為提升發行量在炒作，但是多數人還是寄來了自己的答案。

在這些答案中，很多人認為，窮人最缺少的是金錢。這個答案占了絕大多數，有了錢就不再是窮人了，這似乎是不需要動腦筋就能想出來的答案。也有一部分人認為，窮人最缺少的是幫助和關愛。人人都喜歡關注富人明星，對窮人總是冷嘲熱諷不重視。另一部分人認為，窮人最缺少的是技能。現在能迅速致富的都是有一技之長的人，一些人之所以成了窮人，就是因為學無所長。還有的人認為，窮人最缺少的是機會。一些人之所以窮，就是因為時機不對，股票瘋漲前沒有買進，股票暴跌前沒有拋出，總之，窮人都窮在沒有好運氣上。另外還有一些其他的答案，比如，窮人最缺少的是漂亮，是皮爾・卡丹外套，是總統的職位，是沙托魯城生產的銅夜壺等等。總之，五花八門，應有盡有。

那麼正確答案是什麼呢？在巴拉昂逝世周年紀念日，他生前的律師和代理人按巴拉昂生前的交代，在公證人員的監督下打開了那只保險箱，在四萬八千五百六十一封來信中，有一位叫蒂勒的小姑娘猜對了巴拉昂的秘訣。蒂勒和巴拉昂都認為窮人最缺少的是野心，即成為富人的野心。在頒獎之日，媒體帶著所有人的好奇，問年僅九歲的蒂勒，為什麼能想到是野心。蒂勒說：「每次，我姐姐把她十一歲的男朋友帶回家時，總是警告我說不要有野心！不要有野心！我想，也許野心可以讓人得到自己想得到的東西。」

巴拉昂的謎底和蒂勒的問答見報後，引起不小的震動，這種震動甚至超出法國，影響到了英國和美國。即使是一些好萊塢的新貴和其他行業幾位年輕的富翁在就此話題接受電台的採訪時，都毫不掩飾地承認：野心是永恆的特效藥，是所有奇蹟的萌發點。**某些人之所以貧窮，大多是因為他們有一種無可救藥的弱點，即缺乏野心。**

改變貧窮，必須從更新觀念開始。敢於樹立致富的野心，培養致富欲望，並爲之不懈奮鬥，這樣，你就一定能夠成功。

「敢於「火中取栗」，敢為別人所不敢為」

在我們身邊，許多成功的富人，並不一定是比你「會做」，更重要的是他比你「敢做」。在很多情況下，強者之所以成爲強者，就是因爲他們敢於「火中取栗」，敢爲別人所不敢爲。

歷史上的亞歷山大大帝就爲我們做出了榜樣。

西元前三三三年的冬天，馬其頓將軍亞歷山大率領軍隊進入亞洲一個城市紮營。在這裡，傳說著一個非常著名的神諭：誰能解開城中那個複雜的「哥頓神結」，誰就能成為亞細亞王。亞歷山大聽說後，雄心大起，決定驅馬前去嘗試。一連幾個星期，他思來想去都沒有解開，但又不甘心就此甘休。有一天，亞歷山大突然頓悟，拔出長劍，一下將那個神秘莫測的「哥頓神結」劈成兩半。於是，這個流傳千年的「哥頓神結」就此被解開了。後來，亞歷山大如願以償成為亞細亞王。

如果亞歷山大拘泥於前人制定的規則，也許成爲亞細亞王的另有其人，而不會是他。有時把膽子放大一點，是最聰明的做法。敢作敢爲的人，經常突破常規，在別人意想不到的時間和地點，採取出乎意料的行動，獲取難以置信的成功。創業經商也是同樣的道理。

在加州海岸的一個城市中，所有適合建築的土地都已被開發出來並予以利用。在城市的一邊是一些陡峭的小山，另外一邊地勢太低，每天被倒流的海水淹沒一次，顯然，兩邊都不適合蓋房子。一位具有野心的商人來到了這座城市，憑藉敏銳的觀察力，他立刻想出了利用這些土地賺錢的計畫。

他以很低的價格預購了那些山勢太陡的山坡地和時常被海水淹沒的低地，因為所有人都認為這些地沒有什麼太大的價值。接著，他用了幾噸炸藥，把那些陡峭的小山炸成鬆土。然後，雇傭幾架推土機把泥土推平，就這樣原來的山坡地變成了建築用地。最後，他找來一些車子，把多餘的泥土倒在那些低地上，直到其超過水平面，這樣這些低地也變成了一塊建築用地。

誰都知道螃蟹美味可口，然而，第一個吃螃蟹的人一定是帶著冒險精神去嘗試的。在商業競爭中，有遠見的人總是採取開拓型的經營決策，爭取主動，獲得比競爭者領先的優勢，從而出奇制勝。

也許第一次嘗試，會消磨你一往無前的勇氣與一馬當先的銳氣，也會扼殺堅持頑強的韌勁與不怠不懈的幹勁。但是，碰了一次小小的「壁」，決不應該放棄，而是一次次地繼續實踐、不斷嘗試，只要付出努力，最終總會到達財富的彼岸。許多時候，我們失敗的真正原因就在於並沒有去「再試一次」。正是缺乏「再嘗試一下」的努力，使得我們與唾手可得的財富機遇失之交臂。

3章

想到位做到位
工作是
實現自我價值的舞台

對於我們而言，工作到底意味著什麼？

它是一種生存的途徑，還是實現自我價值的通路？

是不得已而為之、終日到處奔波的忙碌，還是完成生命意義的方式？

這是每一個人都需要思考的。

「工作態度不同，帶來的人生結局也不同」

工作是什麼？工作是面對人生的態度，它決定了我們快樂與否。如果你視工作爲一種樂趣，人生就是天堂，如果你視工作爲一種任務，人生就是地獄。事實上，天堂或地獄就在一念之間，何去何從都由自己決定。

三個石匠在雕塑石像，有個人路過，就問他們：「你們在做什麼呢？」第一個人疲憊地回答：「鑿石頭啊，從早忙到晚，累啊！鑿完這塊我終於可以回家了。」這種人把工作看作是一種苦役，「累」是他們的口頭禪。

第二個人抬頭看了看，歎口氣說：「我正在做雕像。沒辦法，誰讓我有妻子有孩子，他們需要吃飯啊。這活兒我不喜歡，但它酬勞很高。」這種人把工作看作是一種手段，「養家糊口」是他們工作的全部目的。

第三個人卻驕傲地指著石像說：「你看！我正在完成一件偉大的事業，一件完美的藝術品馬上就要誕生了！」這種人以工作為榮，以工作為樂，「這個工作很有意義」是他們對工作的讚美，也是對自己的肯定。

如果我們賦予工作以意義，不論工作大小，都會使我們感到快樂，並從中有所收穫；如果我們只是把它當成一件不得不做的差事，任何簡單的工作也會變得困難、無趣，讓我們倍感怠惰，精疲力竭。

工作態度的不同，帶來的人生結局也許就會完全不同。

新東方總裁俞敏洪在他的一次演講中曾經提到這樣一個故事：

有一個大學畢業生剛來到新東方時，只找到了一份幫助學生收發耳機的工作，但是他選擇了積極的工作態度。在工作時，他一邊幫助學生收發耳機，一邊認真聽每一位老師上課。兩年後，他的英語已經達到了很高的水準。同時，由於他聽了很多老師的課，不知不覺地，他也掌握了很多教學技巧。

有一天，他跑去找俞敏洪，說他想當老師。當時，俞敏洪感到很吃驚：「一個負責收發耳機的人怎麼有能力當老師呢？」但是，俞敏洪決定給這個年青人一個機會。當他試講之後，大家才發現他的講課水準已經很高了。

於是他成了新東方的名牌老師，後來又擔任了一家分校的校長。面對一開始看似簡單的工作，他沒有怠惰，而是選擇了成長，生命從此與眾不同。

俞敏洪由此感歎：「我們的生命中充滿了選擇，選擇不僅和心情相關，也和命運相關。但凡選擇積極的、努力的、向上的生活和工作方式，命運就一定會越來越好；但凡選擇消極的、被動的、懶散的生活和工作方式，命運就一定會越來越糟。我們選擇什麼樣的生活和工作方式，決定權在自己，但現在的選擇決定著我們的未來。」

工作是什麼？工作是我們實現自我價值的舞台。雁過留聲，人過留名。一個人，他的生命目標應該就是自我的完全展示。從這個意義上來講，工作不僅僅是一個人謀生的本領，更是一個人生命意義的一個重要部分。

工作若離開激情，任何事業都不可能完成

NTL公司的總裁伯特・威爾茲曾經說過這樣一句意味深長的話：「在公司裡，員工與員工之間在競爭智慧和能力的同時，也在競爭態度。一個人的態度直接決定了他的行為，決定了他對待工作是盡心盡力還是敷衍了事，是安於現狀還是積極進取。」不同的態度有不同的成就，兩者高下立判。

一個人工作的品質決定著他生活的品質。當我們全力以赴地投入工作，從中獲得成就感時，會讓我們充滿自尊和驕傲。而當我們做好一件工作之後，我們可以陪伴家人度過一個寧靜的夜晚，或利用週末悠閒度假，或與朋友縱情把酒言歡，或沉醉在自己美好的世界裡……這些生活的享受和滿足都是工作帶給我們的最好的回報。

工作能體現人生的價值，創造人生的歡樂，也是幸福之所在。

有一位心理學家曾經做過這樣一個實驗：他把十名學生分成兩個小組，第一組的學生從事他們感興趣的工作，第二組的學生從事他們不感興趣的工作。經過一段時間，出現了這樣的情形：第二組學生開始出現精力

不集中的現象，他們抱怨頭暈，感到腰痠背痛，而第一組學生卻興致勃勃，幹得投入極了。

這個實驗表明：人們疲倦往往不是工作本身造成的，而是因爲對自己從事的工作沒有激情，產生了應付、無趣和焦躁的感覺。這會使人覺得工作是一種負擔，使人失去了活力與幹勁。

西點軍校的大衛・格里森將軍這樣說：「想獲得這個世界上最大的獎賞，你必須擁有獻身的熱情，以此來發展與展示自己的才華。」激情是人生最重要的財富之一。當我們調動了身體裡蓄勢待發的力量，就能夠信心百倍地完成工作，做好我們應該做的事。

一個職場新人，雖然他的專業知識和經驗不多，但如果有激情，那麼，比起那些雖然有更多的積累，但不思進取、凡事敷衍的「老油條」型員工來，他的工作表現肯定要好得多。

哲學家黑格爾說過：「**離開激情，任何事業都不可能完成。**」將心注入，燃起工作激情，這是工作優秀與事業成功的第一步。因爲只有這樣，才能想方設法，排除困難，強力執行，完成任務。

比爾・蓋茨曾對朋友說道：「每天早晨醒來，一想到所從事的工作和所開發的技術將會給人類生活帶來的巨大影響和變化，我就會無比興奮和激動。」這句話是他對工作激情的闡釋。在他看來，一個優秀的員工，最重要的素質就是對工作的激情，這種理念已成爲微軟文化的核心。

微軟招聘員工時，有一個很重要的標準——被錄用的人首先應是一個非常有激情的人，對公司有激情，對技術有激情，對工作有激情。

微軟的一位人力資源主管說出了其中的原因：「我們不能把工作看成是幾張鈔票的事，它是人生的一種樂趣、尊嚴和責任，只有對工作擁有激情的人才會明白其中的意義。」

微軟的員工都非常渴望參加一些全球性的公司內部會議，這些會議對新員工尤其具有強大的震撼力。成千上萬的人聚在一起交流，每個人的臉上都洋溢著對技術近乎癡迷的狂熱和對客戶發自內心的熱情。這樣的會議通常是在大家的歡呼，甚至是眼含熱淚的情況下結束的。如果這些場景能夠激起你同樣的情感，你就能夠自然而然地融入其中。

一位微軟人說：「沒有這種熱情，你在和客戶交流的時候就很難說服他們。這種熱情來自於某種內在的東西。在微軟工作，激情與聰明同等重要。」

心理學家亞伯拉罕‧馬斯洛的一項研究表明，在工作中能夠充分發揮自己的能力，效率高、深受信賴的職場或成功人士都有一個共同點，那就是他們對自己所從事的工作有一種激情與熱愛。

激情意味著工作認真、負責、富於創意。著名企業家馬雲說過：「成功者至少需要兼備兩種品質，一是大膽執著的性格，二是對市場的敏銳嗅覺。」職場的佼佼者無一不對自己的事業執著熱愛，並全身心地投入。

「專注於工作，是實現工作目標的必要條件」

一位農場主巡視穀倉時，不慎將一隻名貴的手錶遺失在穀倉裡。他遍尋不獲，便定下賞價，承諾誰能找到他的手錶，就給他五十美元。

人們在重賞之下，都賣力地四處翻找。可是穀倉內到處都是成堆的穀粒，要在這當中找尋一只小小的手錶，談何容易。許多人一直忙到太陽下山，仍一無所獲，只好放棄了五十美元的誘惑回家了。

這時，穀倉裡只剩下一個貧困的小孩，仍不死心，希望能在天完全黑下來之前找到它，換得賞金。穀倉中慢慢變得漆黑，小孩雖然害怕，仍不願放棄，不停地摸索著。

突然他聽到一個奇特的聲音滴答、滴答不停地響著，小孩頓時停下所有的動作，穀倉內更安靜了，滴答聲也變得更加清晰，這是手錶的聲音。終於，小孩循著聲音，在漆黑的大穀倉中找到了那只名貴的手錶。

這個小孩成功的法則其實很簡單：「**專注地對待一件事，你就會打開成功的門**

栓。」著名的企業家馬雲這樣說：「人一輩子專注地對待一件事，……這個世界不是因爲你能做什麼，而是你該做什麼……看見十隻兔子，你到底抓哪一隻？有些人一會兒抓這隻兔子，一會兒抓那隻兔子，最後可能一隻也抓不住。重要的任務不是尋找機會而是對機會說『NO』，機會太多，只能抓一個。」專注於一個點把它做深、做透，這樣才能積累所有的資源。

在我們的工作中，專注就是有所不爲才能有所爲，專注於目標，專注於方向，就是專注於成功。

曾經有人問愛迪生：「成功的首要因素是什麼？」愛迪生回答：「人們整天都在做事，但大部分在做很多很多的事，而我卻只做一件事。如果你們將這些時間運用在一件事情、一個方向上，那麼你就能取得成功。」

同樣的，比爾・蓋茨在談到他的成功經驗時也說：「我不比別人聰明多少，我之所以能夠走到其他人的前面，不過是因爲我認準了一生只做一件事，而且要把這件事做得更完美而已。」專注於工作，是實現工作目標的必要條件。

「換種思路看工作，為你自己工作」

我們經常聽到公司員工有這樣的說法：我這麼辛苦，但收入卻和我的付出不成比例，我努力工作還有必要嗎？這又不是我的公司，我這麼辛苦是爲了什麼？公司推行各式各樣管理我們的政策，這表明公司根本就不信任我們……

公司與員工之間經常會有衝突，員工常常感到公司沒有給予自己公正的待遇，其實，產生這樣的想法是因爲你和公司所處的角度不同。公司的老闆希望你比現在更努力地工作，更加爲公司著想，甚至把公司當成自己的事業來奉獻。而你站在員工個人的角度來考慮問題，你自認爲已經很努力了，工作佔用了你大部分的精力和時間，但公司只給了你不相稱的待遇。

你可能感慨自己的付出與受到的肯定和獲得的報酬並不成比例，但是你必須時刻提醒自己：你是在爲自己做事，你的產品就是你自己。

在這裡，我們提出的理念是希望員工站在公司的角度思考問題，換個角度，你得出的結論就會不同。如果你是老闆，一定會希望員工能和自己一樣，將公司當成自己的事業，更加努力、更加勤奮、更加積極主動。現在，當你的老闆向你提出這樣的要求時，你還會抱怨嗎？還會產生剛才的想法嗎？

我們沒有必要把自己的想法強加給別人，卻必須學會從別人的立場來看待問題，這樣可以避免很多不必要的衝突。

具有「管家意識」，像老闆一樣思考

新婚洞房，羞羞答答的新娘正想對新郎說些什麼，忽然看到幾隻老鼠在吃大米，於是掩口笑道：「老鼠正在吃你家大米！」第二天，新郎還在美滋滋地睡覺，新娘已經起來了，低頭穿鞋，不經意又看到老鼠在吃大米，大怒：「該死！竟敢吃我家的大米！」說話間，就把自己的鞋子扔了過去，老鼠四散逃跑。

一夜間，新娘的心就過門了，從「你家」變成了「我家」，成爲了新家的女主人，新娘成爲了這個家的一分子，開始爲這個家奉獻自己的勞作，只爲更美好的生活。假設公司是新家，新娘是你，試問，你的心過門了嗎？

把企業當做自己的家，這也許對有些人來說太過了，那麼，至少也要做個「忠實的管家」。在一個企業裡工作，首先要讓心「過門」。把自己當做企業的管家，才能付出十二分的努力。

管家意識，並不是讓你盲目兼顧，不顧實際一心只想當老闆，對現在的工作不予重視，而是強調要樹立一種責任意識，從老闆的角度思考公司的問題。

站在老闆的立場思考的員工，具有極強的任務意識，而且還具有強烈的使命感，如果那樣的員工站在公司的角度看問題，就會發現公司真正需要怎樣的員工，然後他們就會朝公司需要的那種員工發展，進而使自己變得對於公司、上司不可或缺、無可替代。這樣的你不僅對於公司來說更有價值，而且也會使公司和你自己都有所收穫，達到雙贏，這才是優秀員工應有的表現。

因此，站在公司的立場，我們要經常問自己下列問題：如果我是老闆，我對自己今天所做的工作完全滿意嗎？回顧一天的工作，我是否付出了全部的精力和智慧？我是否完成了企業給自己、自己給自己所設定的目標？我的言行舉止是否代表了企業的形象，是否符合老闆的立場？

「為工作貢獻汗水，更要貢獻智慧」

有的人發現，自己也在很努力的工作，忠於企業，然而成就卻遠遠落後於他人。這是爲什麼？這時，請不要輕易抱怨，而應該先問問自己，問題到底出在哪兒？

優秀的員工都在努力工作，但他們之中的一些人會主動積極地爲企業獻計獻策。當各種各樣的問題發生後，他們會站在企業的角度，不推諉、不躲避，想方設法地解決，爲企業提供更多的「附加值」，而不是指到哪兒動到哪兒，領導不說就不做。

每個企業都喜歡能夠提出新思想、好方法的員工，因爲這不僅能夠解決工作中的實際問題，還有利於啓動競爭力，善於創造性工作的得力員工是企業不可缺少的力量。

只有凡事想到位、落實好，才能創造更多的價值，才能贏得更多的信任和機會，才能在工作中不斷地成長進步，最終爲自己的職業提供「富加值」！

日本JR電車每當碰到下雨天一定會在車內廣播：「請不要忘了自己的傘。」但丟傘事件在車上還是時有發生。

有位員工提出了異議：「一成不變的廣播詞有何意義呢？」這個廣播無非是要提醒乘客注意，不要將傘遺失在車上罷了，但因為例行公事而沒有新意，導致乘客出現了聽覺「麻木」。

這位員工提出了一個好的想法，如果在廣播中改說：「目前送到東京車站遺失物品管理處的雨傘，已超過三百把，請各位注意自己手邊的傘。」這樣，乘客們一定會洗耳恭聽。事實證明果真如此。

從此，忘記帶雨傘的情形大為降低，乘客們對電車公司的細緻服務紛紛表示滿意，這位員工也因此得到了老闆的賞識。

我們可以換位思考一下，如果你是老闆，有人只要一遇到困難和問題就會來找你彙報，希望你出面擺平或解決，或者一個勁兒地抱怨客觀情況如何不好，像一個問題的傳聲筒。你還會考慮將重要的位置留給他嗎？在你交付一件事情以後，儘管他已經做到汗流浹背，但還是不能如期高品質地完成。你還會再考慮將下一件重要的工作交給他嗎？……答案是顯而易見的。

記住這句話吧——貢獻汗水，更要貢獻智慧；要努力，更要得力！

有的人感歎自己一輩子註定只能拿死薪水，發展的前途渺茫。其實這時不妨捫心自問一下：「我負責的每項工作是否都用心地去做了？是否仔細研究了自己工作中的每個細節？爲了給企業創造更多的價值，我是否在不斷學習，提升工作技能，找到更好的工作方法？我對所做的每一件事都盡心盡力了嗎？……」

如果對這些問題無法做出肯定的回答，那就說明我們做得並不比他人好，也就不必疑惑爲什麼自己比他人聰明，卻長期得不到提升。

請記住：用心才能優秀！

想幹，會幹，能幹

「想幹與不想幹」是有沒有責任感的問題，是「德」的問題；「會幹與不會幹」是「才」的問題，但是不會幹是被動的，是按照別人的要求去幹；「能幹與不能幹」是創新的問題，即能不能不斷提高自己的目標。

有這樣一個實驗。把一群老鼠分成兩個小組，兩個實驗員分別對這兩組老鼠進行訓練。一段時間後，對這兩群老鼠進行穿行迷宮測試發現，A組老鼠比B組老鼠聰明得多，都先走出去了。

事實上，對兩組老鼠的分組是隨機的，只是當時把其中的一組說成是聰明的，而把另一組說成是普通的。由於實驗員已經確認A組為聰明的老鼠，於是就用對待聰明老鼠的辦法進行訓練，另一組則用對待普通老鼠的方法進行訓練而已。

通過上例的這個實驗，我們不難發現，對同樣個體而言，不同的定位與態度會導致不同的結果。

當工作中遇到難以解決的問題時，一些員工往往會直接推給上司，被動地等待上司給出解決辦法，然後照章辦事。他們認爲即使出了問題也是上司的責任，與己無關，就算問題沒解決，反正也彙報給上司了，自己也不會被責怪，這樣才是最安全的。

這樣的員工，其實是把自己定位在一種打工的狀態，認爲企業的一切都是老闆的，事不關己，所以理所當然應該由上司來操心。但他們未曾想到，如果工作中沒有主張和見解，沒有解決問題的能力，企業爲什麼要提拔這樣的人？其結果也正像上面故事中的普通老鼠一樣。

把問題都推給上司這種做法存在著很大的弊端，上司不可能對每項工作十分精通、專業，因此，提供的解決方案也不一定是最科學的。

經常聽到管理者們這樣說：「有一些員工，真不知道他們是怎麼回事，什麼事也幹不了，而且好像什麼事也不想幹。不管是大事小事，都要跑過來問：『老闆，您看這個怎麼搞定？老闆，您看那個怎麼處理？』好像我是萬能鑰匙，什麼都會似的！要是我一個人都能做，我何必花錢請人呢？真的有許多事其實我也不是很明白，就算是明白，能處理，我也沒有那麼多的時間一件一件去考慮啊！」

其實，上司的身分和地位決定了他看問題也會有盲區、有局限，無法看到一些真實情況。任何上司，不管他多能幹，都需要員工真誠的說明。正如亞馬遜CEO貝佐斯所說：「員工不只是爲老闆工作的人，他們還應該是爲老闆提供建議的人。」不僅要出力，而且要出謀。因爲，每個員工都有自己的長處和優勢，員工的智慧與熱情是公司最大的財富，老闆希望每個員工都是貨真價實的智囊。

如果你是老闆，一定會希望員工能和自己一樣，將公司當成自己的事業，更加努力，更加勤奮。

有一條規則被不斷驗證：那些積極工作，主動提出解決方案的員工，通常更具創造力。他們與公司共命運，具有強烈的主人意識，認爲公司的事就是自己分內的事，從不推諉，從不懈怠，而是不斷主動思索解決方案。

這樣的員工，其實就是不斷把自己放在上司的位置上去審視處理工作，從而使自己的思路和視角得到擴展與提升，他們將會永遠走在公司的最前列。

「鋼鐵大王」安德魯・卡內基是美國工業化時代的傳奇人物。在他十八歲的時候，賓夕法尼亞州鐵路公司西部分局局長斯考特聘他去當私人電報員兼秘書。

一天清晨，卡內基收到一封緊急電報，其內容是附近鐵路上有一列火車車頭出軌，要求調度各班列車改換軌道，以免發生撞車事故。除斯考特外，其他任何人都沒有下達調度命令的權力，由於當天是假日，卡內基怎麼也找不到這位上司。

時間一分一秒過去，而一列載滿乘客的列車正駛向出事地點。固然自己可以把問題推給上司，也不用承擔什麼責任，但他卻認為自己不能坐視不管。於是，卡內基冒充上司下達了調度命令，一場傷亡慘劇避免了。

按規定，電報員擅自冒用上級名義發報將會被立即撤職。第二天，卡內基告訴斯考特這件事，斯考特卻拍拍他的肩頭說：「記住，這個世界上有兩種人永遠原地踏步：一種是不肯聽命行事的人，另一種則是只聽命行事的人，幸好這兩種人你都不是。」

幾年後，卡內基被公司提名為運營總管。在賓夕法尼亞鐵路公司的十餘年裡，卡內基學會並實踐了鐵路管理的組織、報告、會計和控制的整套體制，逐步掌握了現代化大企業的管理技巧，擁有了數十萬美元的股票及其他財產，他就此開始創建自己的事業。

不把問題推給上司，體現的是一種積極主動的擔當精神。這樣的員工明白他的價值就是爲上司「解題」，而不是給上司「出題」。他們會時刻問自己：「我還能做什麼？」而不會問自己：「我還能推什麼？」正是這兩種不同的出發點，導致了不同的職場生涯——輝煌或黯淡，收穫或失落。

4章

思路突破困境
在迷霧中看清目標

如果你遇到了發展的瓶頸，這個時候我們該怎麼辦呢？
擁有了好的思路，就能夠在迷霧中看清目標，
在眾多資源中發現自己的獨特優勢，即使是身陷困境，
也能保持清醒的頭腦，找到解決問題的方法。

「成功離不開變通，變通是才智的試金石」

一家建築公司的經理忽然收到一份購買兩隻小白鼠的帳單，心裡好生奇怪。原來這兩隻老鼠是他的一個員工買的。他把那個員工叫來，問他為什麼要買兩隻小白鼠。

員工回答道：「上星期我們公司去修的那所房子，要安裝新電線。我們要把電線穿過一根十米長，但直徑只有二點五釐米的管道，而且管道砌在磚牆裡並且彎了四個彎。我們當中誰也想不出怎麼讓電線穿過去，最後我想到一個方法。我到一個商店買來兩隻小白鼠，一公一母。然後我把一根線綁在公鼠身上並把牠放到管子的一端，另一名工作人員則把那隻母鼠放在管子的另一端，逗牠吱吱叫。公鼠聽到母鼠的叫聲，便沿著管子跑去救牠。公鼠沿著管子跑，身後的那根線也被拖著跑。我把電線拴線上，小公鼠就拉著線和電線跑過了整條管道。」

這個員工的思維非同一般，他用智慧解決了問題。

有了正確的思路，才能發揮出卓越的智慧。美國著名地質學家華萊士在總結其一生成敗經驗的著作《找油的哲學》中這樣寫道：「找油的地方就在人的大腦中。」他提出了一個著名的觀點：人的大腦裡蘊藏著豐富的寶藏，而思路是其中最珍貴的資源。

一天，有人賣一塊銅，喊價竟然高達廿八萬美元。一些記者很好奇，後來得知，原來賣銅的這個人是個藝術家。不過，不管怎樣，對於一塊只值九美元的破銅塊，他的要價無疑是個天價。為此，他被請進了電視台，向人們講述了他的道理。他認為，一塊銅，價值九美元，如果做成門把手，價值就增加為廿一美元，如果製成紀念碑，價值就應該增加為廿八萬美元。他的創意打動了華爾街的一位金融家，結果那塊只值九美元的銅被製成了一尊優美的銅像，成為一位成功人士的紀念碑，最後的價值增加到三十萬美元。

九美元到三十萬美元之間的差距，可以歸結爲思考的結晶、創造力的體現，或者說這中間的差價，就是思維的價值、創造力的價值。由此，我們不難看出，思路對我們的工作和生活有多麼重要。在現實生活中，善於思考問題和改變思路的人，總能在困境中找到解決問題的方法，在成功無望的時候創造出柳暗花明的奇蹟。

當今社會，經濟的發展格外受重視。多年來形成的市場經濟規律告訴我們，只有思路常新才有出路，只有思路才能突破困境，找到正確的方向。成功的喜悅從來都是屬於那些思路常新、不落俗套的人們。所以，要想在職場中大展宏圖，就要在你的頭腦中形成正確的思路，並決心爲之付出努力。

在走向成功的路上，總是會有各種各樣的麻煩。但是我們不能因爲那些麻煩而放棄了追求，更不能被膽怯阻礙了前進的腳步。成功與失敗之間、幸福與不幸之間，往往只有一步之遙。只要你擁有好的思路，勇敢地面對生活，那麼在征服困境之後，你就能享受勝利的甘甜。

莫里哀曾說：「變通是才智的試金石。」世間萬物都在變，沒有變化，就會落後，就無法生存。事變我變，人變我變，適者方可生存。成功離不開變通。

不做害怕變化的「恐龍族」

在數億萬年前，恐龍曾經是我們這個地球上最強大、最活躍的物種之一，但不知道什麼原因滅絕了，至今沒有一個科學家能拿出確切的證據來舉證。但後來有人曾提出一個觀點，就是當環境發生劇烈變化的時候，長期安於現狀的恐龍缺乏「應變」和「學習」能力，無法改變自己以適應環境的變化，所以恐龍才會滅絕。

職場如戰場，淘汰本無情，如果一個人在中途倒下，則顯示其生存的能力不夠強。遺憾的是，在各個工作場所中，仍然有不少生存能力不夠強的「恐龍式」人物存在。

在工作中，「恐龍族」最大的障礙就是無法適應環境。在他們周圍有許多學習新技術、許多深造的機會，但是他們往往視而不見，根本無心尋求新的突破。

工作與生活永遠是變化無窮的，我們每天都可能面臨改變。新產品和新服務不斷上市，新技術不斷被引進，新的任務被交付……這些改變，也許微小，也許劇烈，但每一次改變，都需要我們調整自我重新適應。

面對改變，意味著對某些舊習慣和老狀態的挑戰，如果你固守著過去的行爲與思考模式，並且相信「我就是這個樣子」，那麼，嘗試新事物就會威脅到你的安全感。

「恐龍族」不喜歡改變，他們安於現狀，沒有野心，沒有創新精神，沒有工作熱忱，滿足於目前的狀態，不設法改進自己，不想去做更好的工作。「恐龍族」不肯承認改變的事實。他們不願爲自己創造機會，而情願受所謂運氣、命運的擺佈。

不懂得適應變化，讓「恐龍族」在職場中處處受阻，路子也越走越窄，最終導致能力下降，步入灰暗的人生境地。既然前程已經看不到了光亮，那麼「恐龍族」就會選擇隨遇而安。

客觀地說，隨遇而安，過一種普普通通的生活也是一種人生，因爲我們大多數人都是這樣度過的。但是，如果總是隨遇而安，把所謂的生活安全感放在人生的第一位，久而久之，我們就會產生一種惰性，就算機會來到面前也把握不住。

天地間沒有不變的事情，萬事萬物隨時而變，隨地而變，隨社會的發展而變，隨人的生理、情感、觀念而變。既然改變已成一種定律，我們又何苦死守不變？不如順應這種改變的大潮，完善自己。

二十世紀七〇年代，多元化成了全世界最流行的詞語：世界多元化、國家多元化、關係多元化……各個企業爲了迎接這股時髦的浪潮，也提出了很多多元化的經營戰略。

被我們所熟知的迪士尼公司，並不是以迪士尼樂園起家，公司的贏利來源也不僅僅是主題樂園，而是以影視娛樂業爲源頭，媒體網路、主題公園和消費產品三大產業爲延伸的多元產業層級贏利體系。

開始，迪士尼製作動畫、影視片，如《白雪公主和七個小矮人》、《人猿泰山》等，通過發行出售，賺取第一輪利潤，再通過媒體網路，如美國全國廣播公司ABC以及有線電視網ESPN等，賺取第二輪利潤。在這兩輪利潤賺取的過程中，又爲第三輪、第四輪利潤做了鋪墊。他們通過把電影和動畫片裡看到的故事變成可玩、可遊、可感的遊樂園（迪士尼樂園）來賺取第三輪利潤，通過玩具、文具等消費品的出售，賺取第四輪利潤。此外，迪士尼還爲米老鼠、唐老鴨、皮特狗等卡通形象申請專利，在法律保護下進行特許經營開發，獲取利潤。

由此可以看出，在共同品牌的引領下，產業的多元化增加了贏利點，極大地發揮了品牌與產業互動的乘數效應，使迪士尼最終走向了成功。

其實，所有的成功都是多元化的。我們常說，一個能夠高瞻遠矚的團隊，一定具有很強的實戰經驗，其實這就是一種多元化的體現。因爲在豐富自己的同時，這個團隊很可能因此涉獵更多的領域，或者在同一領域裡做了不同的事情，加強了各個方面的知識和能力的儲備。雖然不是每一個領域都精通，但是因爲有所瞭解，就可以在需要的時候靈活運用。

開放自己的思想，接受別人的思想，很多種思想的碰撞，就是多元化的重要表現形式。

企業在發展中，不能一直打保守戰，不能一直以爲只有自己的發展方向是對的、自己的管理模式是最好的，絲毫不去參考別人的經營模式。這是一個資訊爆炸的時代，地球已經變成了村落，如果固守舊思想，堅持走單一的發展路線，那麼我們將很快被激烈的競爭所淘汰。

個人同樣需要開放思想，多向別人學習。但是在日常生活中，人們會利用各種規則來制約我們的思維發散。我們發現，很多大學生和研究生等受過高等教育的人，彷彿是一個模子裡刻出來的，都是單一化的思路。

當前社會，一元化的人才太多了。我們都知道，不是社會不需要人才，而是社會不需要太多單一化的人才。所以，爲了我們的前途與發展，請開放你的大腦，讓多元化的陽光照進你的心靈，這樣你才能真正實現自身的價值，獲得成功。

「轉個方向，身邊會有更好的路等著你」

一位心理學家說過：「只會使用錘子的人，總是把一切問題都看成是釘子。」正如卓別林主演的《摩登時代》裡的主人公一樣，由於他的工作是一天到晚擰螺絲帽，所以一切和螺絲帽相像的東西，他都會不由自主地用扳手去擰。在工作中，遇到問題時，一定要努力思考，看看在常規之外，是否還存在別的方法？是否還有別的解決問題的途徑？只有懂得變通，才不會被困難的大山壓倒，才能發現更多更好更便捷的路子。

《像希拉蕊那樣工作，像賴斯那樣成功》一書中寫道：「美國人並不害怕『能力出眾的律師希拉蕊』。美國最好的法律學校每年能培養出大量有能力的女律師。人們不能容忍的是希拉蕊的政治野心、對權力的露骨欲望，以及享受過程的態度。人們恐懼的不是希拉蕊的能力，而是她的野心。」正是因為人們對於這位傳奇女性褒貶不一的態度，才給本來就格外引人關注的二〇〇八年美國大選又增添了許多趣味性。

人們認為，希拉蕊對於權力的欲望已經到達了極點，她是不達目的不甘休的人。但是誰也沒有想到，在大選競爭進行得如火如荼的時候，她選擇了放棄對於總統位置的競爭，而轉向競選副總統的位置。無疑，希拉蕊是聰明的。她深知總統競選的殘酷，也深深地瞭解對手奧巴馬的強大，所以，在沒有任何勝算的前提下，與其與對手硬碰硬，不如轉身為自己另謀更好的出路。

希拉蕊是成功的，雖然與總統的寶座無緣，但是當奧巴馬宣佈任命其為新政府的國務卿的時候，希拉蕊的臉上是帶著微笑的。她用自己的親身實踐向世人證明了這樣一個道理：處於不利位置的時候，如果沒有辦法突破，那麼不妨轉個方向，給自己找條全新的出路。

與其在不可能的事情面前耗費時間，不如轉過身來

其實，生活中我們常常會碰到這樣的事情，你執著於一件事情，但是你的勝算並不大。那麼，與其在不可能的事情面前耗費時間，不如轉過身來，因爲你的身邊可能會有更好的路在等著你。

選擇不同環境，出現不同結果

「是金子到哪兒都能發光」，這是人們普遍認同的觀點。但是，事實並非如此，如果把金子放在煤堆裡，它就會失去原來的光澤，而變得與普通煤渣的顏色沒有什麼兩樣。

有時候，我們雖然強調內在本質的重要性，卻常常忽略了外在環境對於一個人的影響。爲什麼孟母會選擇三遷，就是因爲她意識到外在環境對於孩子成長的影響。

網上一直在流傳一個「毒莓也能變成甜果」的故事：在普魯士南部的尼爾士山區有一種野莓，個頭很大，是普通草莓的三至四倍，但毒性也很大。當地的土著並沒有因為它們含有毒素就捨棄它們，更沒有疏遠它們、剷除它們，而是在種甜莓的田地裡套栽少量的大個毒莓。這些毒莓會因為授粉以及汲取甜莓根部的甜液，最終變成了失去固有毒素的大大的甜果。

選擇不同的環境，同樣的東西很可能會出現不同的結果。

全自動洗碗機是一種先進的廚房家用電器，是發明家適應生活現代化的創新傑作。然而，當美國通用電器公司率先將全自動洗碗機擺在電器商場的貨架上時，卻出人意料地遭到冷遇。

無論使用任何手段的廣告宣傳，人們對洗碗機還是敬而遠之。從商業管道傳來的資訊也極為不妙，新研發的洗碗機眼看就要夭折。

經過市場調查發現，原來是消費者的傳統觀念在起作用。人們普遍認為，連十來歲的孩子都能洗碗，自動洗碗機在家中幾乎沒有什麼用，即使用它也不見得比手工洗得好，機器洗碗先要做許多準備工作，增添了不少麻煩，還不如手工洗來得快，而且自動洗碗機這種華而不實的玩意兒將損害「能幹的家庭主婦」的形象。一部分人則不相信自動洗碗機真的能把所有的碗洗乾淨，認為機器太複雜，維護修理肯定困難。還有一些人雖然欣賞洗碗機，但認為它的價格讓人不能接受。

無奈之下，公司只好請教市場行銷設計專家，看他們有何金點子。專家們經過一番分析推敲，終於悟出一個新辦法，他們建議將銷售對象轉向住宅建築商。

起初，人們對該建議普遍持懷疑態度，建築商並不是洗碗機的最終消費者，他們樂意購買嗎？在通用電器公司的公關人員的說服下，建築商同意做一次市場實驗。他們在同一地區，對居住環境、建造標準相同的一些住宅，一部分安裝有自動洗碗機，一部分不裝。結果，安裝有洗碗機的房子很快賣出或租出去了，其出售速度比不裝洗碗機的房子平均要快兩個月，這一結果令住宅建築商受到鼓舞。當所有的新建住房都希望安裝自動洗碗機時，通用電器公司生產的自動洗碗機的銷售便十分暢通了。

這個實驗就證明了在一定的環境之下，會產生不一樣的結果這一道理。

約翰・費爾德看見兒子馬歇爾在大衛斯的小店忙裡忙外，就問：「近來這小子生意學得怎樣？」

大衛斯答道：「約翰，作為多年的老朋友，我不想讓你以後後悔，我是個爽快人，喜歡講老實話，馬歇爾肯定是個穩健的好孩子，這不用說，一看就知道。但是，即使他在我的店裡學上一千年，也不會成為一個出色的商人，他生來就不是這塊料。約翰，你還是領他回鄉下養牛吧！」

如果馬歇爾仍留在大衛斯的店裡，那麼他日後恐怕真的難有作為。可是他隨後到了芝加哥，親眼看見周圍許多窮孩子做出驚人的事業，這讓他激情滿懷，心中燃起成為大商人的夢想。他問自己：「別人能做出驚人的事業，為什麼我不能？」其實，他具有大商人的天賦，但大衛斯店鋪裡的環境不足以激發他潛伏著的才能。

一般來說，人的才能源於天賦，而天賦是很難改變的。實際上，大多數人的志氣和才能都深藏潛伏著，必須要靠外界的刺激予以激發。志氣一旦被激發，如果又能加以持續的關注和教育，就能發揮力量，否則終將萎縮而消失。因此，如果天賦與才能不能被激發，那麼，人將變得遲鈍並失去本應有的力量。

愛默生說，「我最需要的，就是讓我去做我力所能及的事情」。去做力所能及的事情，是表現才能的最好途徑。拿破崙、林肯做不了的事，但有可能對我來說卻「力所能及」。

每個人都被賦予了巨大的才能，但這些才能沉睡著，一旦被激發，我們便能做出驚人的事業。

我們每個人都對成功有著強烈的渴望，也一直在爲成功而努力。但是，我們在管理自己的同時，也要注意，目前所處的環境是不是適合自己的發展，如果不適合，就應該當機立斷，換一個工作環境。一份不適合你的工作、一個對你發展有所束縛的工作環境，只會埋沒你的才華，而不能幫助你實現更多的人生價值。

如果是金子，就應該把自己放在珠寶行裡，而不是放在煤堆裡，任由環境遮蓋了你的光芒。

小舞台可以唱大戲，冷板凳也能坐成熱炕頭

小舞台可以唱大戲，冷板凳也能坐成熱炕頭，關鍵是能否利用好這個舞台。若想好好利用這個舞台，我們應該協調各方、整合資源、理順關係，充分調動各個方面的積極性。

事業的平台會帶給我們更多的機遇和資源，這也是由平台自身的特點決定的。通常情況下，平台的構成需要三個部分：資訊交流、人脈整合和職業技能。

搭建事業的平台，就是將這三個部分有機結合起來，讓自己能夠運用已經擁有的資訊，整合成爲統一的體系，提升自己的能力，利於自己以後的發展。在這裡，我們著重要強調人脈問題。很多人認爲在一個平台中，只要我找準了位置，抓住了發展的方向，別人是沒有辦法干涉我的道路的。但是事實並非如此，你雖然站在了自己的平台上，但是你每向前一步，都需要別人的說明。經營人脈，就如同一部電影的主角需要跟導演、燈光、攝影等人配合一樣，只有大家共同努力，才能呈現給觀眾一部好看的電影。

一家松下公司旗下的外企，要招一名會計，又因為這是一家跨國公司，所以這是許多年輕人嚮往的地方，終於到了面試的那一天，公司裡人山人海，經過嚴格的筆試之後，又經過細心的篩選，最後只剩下了三位非常優秀的女大學生，經理讓她們明天再來進行口試。

到了第二天，三位女大學生都穿著漂亮的衣服來了，而經理卻給她們一人發了一件衣服和一個黑皮包，對她們說：「現在我所給你們每一個人的衣服上都有一塊汙跡，你們必須在八點十五分之前到總經理室去進行口試，並且我提醒你們一句，總經理喜歡乾淨整潔、落落大方的人，你們身上的汙跡最好不要被總經理發現，否則會被淘汰的。」

這時，A女大學生趕緊拿出手帕紙來擦，而其結果是汙跡越擦越髒，越擦越大。這時，A女大學生非常地著急，苦苦央求經理，想讓他再換一件。可是，經理帶著遺憾的口氣說「不好意思，你已經被淘汰了。」A女大學生哭著離開了。B女大學生看局勢不利，所以飛奔地跑到洗手間，想設法用水將汙跡沖洗乾淨，她洗了一遍又一遍，果然，汙跡沒了，但胸前卻濕了一大片。

這時，B女大學生一看錶，已經快到八點十五分了，她整理了一下，飛奔向總經理室，到了總經理室門前，一看錶，正好八點十五分，B女大學生緩緩打開門，只見C女大學生正要從屋裡出來，B看見C女大學生胸前還有那塊汙跡，她這才放了心。她胸有成竹的走了進去，總經理看到他眼前的那塊「濕地」，對她說：「現在我公佈勝出者，就是C女大學生。」B女大學生非常地驚奇，很不服氣，總經理看出了她的心思，微笑著說：「C女大學生用她的黑皮包掛在胸前，擋住了那塊汙跡，我想，假如我沒猜錯的話，你的黑皮包應該落在洗手間裡了吧！」B女大學生心服口服地離開了總經理室。

這樣才算是真正地整合資源。在善於整合資源的高手眼中，永遠沒有不利的資源，只有能否發揮出最大價值的資源。我們就是要具備這種化腐朽爲神奇的整合資源的能力：好的資源我能讓它產生最大價值，差的資源我也能讓它變成好的，沒有的資源我可以用其他資源代替，充分發掘有限的資源，實現資源價值的最大化。

很多時候，檢驗一個人的能力就是看他能否整合當前資源，實現價值最大化。做一個資源整合者，可以做到事半功倍。

「摸著石頭過河，擁有舉一反三的能力」

遇到困難，人們總喜歡以順勢的思維去思考，希望在相同的領域裡摸索到能夠解決問題的方法，但有時卻根本滿足不了我們的需求，我們完全可以試著從其他的領域找方法。

人與人之間、事物與事物之間都存在著很多相似點，雖然表現的方式是不同的，但是只要你有一雙善於發現的眼睛，你就可以找到他們之間的共同點，從而刺激大腦，找到解決問題的思路。

三百多年前，一位奧地利醫生給一個胸腔有疾病的人看病，由於當時技術落後，醫生無法發現病因，患者不治而亡。後來經屍體解剖，才知道死者的胸腔已經發炎化膿，而且胸腔內積水。這位醫生非常自責，決心要研究判斷胸腔積水的方法，但始終不得其解。恰好，這位醫生的父親是個酒商，他不但能識別酒的好壞，而且不用開桶，只要用手指敲敲酒桶，就能估量出桶裡面有多少酒。醫生由此聯想到，人的胸腔不是和酒桶有相似之處嗎？父親既然能通過敲酒桶發出的聲音判斷桶裡有多少酒，那麼，如果人的胸腔內積了水，敲起來的聲音也一定和正常人不一樣。此後，這個醫生再給患者檢查胸部時，就用手敲敲聽聽。他通過對許多患者和正常人的胸部進行敲擊作比較，終於能從幾個部位的敲擊聲中，診斷出胸腔是否有積水，這種診斷方法現代醫學稱為「叩診法」。

後來，這種「叩診法」得到進一步發展。一八六一年，法國男醫生雷克給一位心臟病婦女看病時，非常為難。正在此時，他忽然想起了一種兒童遊戲。孩子們在一棵圓木的一頭用針亂劃，用耳朵貼近圓木另一頭能聽到刮削聲。由此，他有了主意。他請人拿來一張紙，把紙緊緊卷成一個圓筒，一端放在那婦人的心臟部位，另一端貼在自己的耳朵上，果然聽到患者心臟的跳動聲，而且效果很好。後來，他就將卷紙改成小圓木，再改成橡皮管，另一頭改進為貼在患者胸部能產生共鳴的小盒，這就是現在的聽診器。

摸著石頭過河，儘管醫生在探索的過程中倍感艱難，同樣打破行業的界限也不是一件容易的事情，但是，面臨自己解決不了的難題，既然沒有更好的方法，那麼我們完全可以開闊自己的思路，吸收一些不同的想法和做法，舉一反三，讓不相同的事物串起來，使不可能變成可能。

在生活中，我們更加需要這種以一點觀全域，以此類事物聯想到彼類事物的思維方式。特別是在職場中，我們身邊的很多人都從事過不同的行業，他們可能會覺得自己的不同經歷之間是沒有聯繫的，其實這樣的想法是錯誤的。你可能現在在做編輯，但是曾經做過的銷售工作，就可能爲你開闊思路起到一定的作用，你的生活閱歷也將是你進行創作的基礎……雖然摸著石頭過河有一些冒險，但是當你渡過了難關，你就會發現，自己已經從毛毛蟲變成了一隻翩翩起舞的漂亮蝴蝶。

在企業當中，同樣需要將觸類旁通運用到極致。眾所周知，市場是沒有現成的規律可以遵循的，它總是在以飛快的速度變化著。如果我們想要依靠相同領域裡的其他人的思想來爲自己創造效益，那麼無疑我們就是在模仿他人。跟在別人的身後，是不會有什麼大發展的，所以我們要走出一條屬於自己的道路，但這又十分艱難。人的大腦是有限的，不可能事事都能想到對策，所以我們就要摸著石頭過河，利用其他領域的觀念，來創造自己的人生財富。

「危機中往往隱藏著能夠改變命運的機會」

對有準備的人來說，危機中往往隱藏著能夠改變命運的機會。

曾經有人做過一項調查，世界五百強企業名錄中，每過十年，就會有三分之一以上的企業從這個名錄中消失，這些企業或低迷，或破產。通過總結這些企業衰落的原因，人們發現，春風得意之時正是這些企業衰落的開始，因爲正是在這個時候，他們忽視了危機的存在，忘記了產品開發以及經營管理的超前性，對前景盲目樂觀，而且也忽視了爲企業的長遠發展所必需做的準備工作。

反觀在五百強中長期站住腳的企業，則對危機有著另一種認識，比爾‧蓋茨就是一個危機感很強的人。當微軟利潤超過百分之二十的時候，他強調利潤可能會下降，當利潤達到百分之廿二時，他還是說利潤會下降，到了今天的水準，他仍然說利潤會下降。他認爲這種危機意識是微軟發展的原動力。微軟有個著名的口號「不論你的產品多棒，你距離失敗永遠只有十八個月」，正是由於這種危機意識，這些企業才會把準備當成第一任務。因爲，當一切準備充足時，你就不必害怕任何危機了。

有一天，猴子在樹林裡見到山豬在一棵大樹旁拚命地磨牙。猴子非常奇怪，走過去問山豬：「現在既沒有別的動物來傷害你，也沒有獵人來捕捉你，為什麼還要這樣努力地磨牙呢？」

山豬笑著說：「現在磨牙正是時候，你想一想，一旦危險來臨，我哪還有時間磨牙呀！現在磨得鋒利點，等到用的時候就不會慌張了。」

這隻山豬太聰明了，牠知道在危險還未來臨之前就把牙磨利，不然的話，很可能會在與其他猛獸的搏鬥中丟掉性命。唉！有些時候，動物比人要聰明許多。動物已經把居安思危、未雨綢繆變成了一種本能，而有些人卻還沒有明白這個道理，往往自恃強大而忽視準備的重要性。

5章

懂人心知人性
學點思考術
讓你無往不利

俗話說：「得人心者得天下。」掌控人心就能掌控一切。
生活中你是否曾因無力說服別人而懊喪？
其實，你大可不必為此而灰心喪氣，也無需羨慕別人的交際能力，
只要你懂人性，知人心，就會撥開迷霧見太陽！

不要對人「過分熱情」

每個人都需要一個能夠把握的自我空間，它猶如一個無形的「氣泡」爲自己劃分了一定的「領域」，而當這個「領域」被他人觸犯時，人便會覺得不舒服、不安全，甚至開始惱怒。

許多人都有這樣的經驗和體會：與某人的關係越親密，越容易與其發生摩擦和矛盾，反倒不及與初次見面者交往容易。家庭成員、情侶之間常常相互埋怨，正是這種情況的表現。按理說應該是交往得越深，就越容易相處，相互之間的人際關係也越好，可事實上並非如此，原因何在？

這其實可以用心理學上的刺蝟法則也叫心理距離效應來解釋。那麼，什麼是刺蝟法則呢？

刺蝟法則說的是這樣一個十分有趣的現象：在寒冷的冬季，兩隻睏倦的刺蝟因爲冷而擁抱在了一起，但是由於牠們各自身上都長滿了刺，緊挨在一起就會刺痛對方，所以無論如何都睡不舒服。因此，兩隻刺蝟就拉開了一段距離，可是這樣又實在冷得難以忍受，因此牠們就又抱在了一起。折騰了好幾次，牠們終於找到了一個比較合適的距離，既能夠相互取暖又不會被紮。這也就是我們所說的在人際交往過程中的「心理距離效應」。

在現實生活中，這種例子舉不勝舉。一個你原來非常敬佩或喜歡的人，與其親密接觸一段時間後，對方的缺點就日益顯露出來，你就會在不知不覺中改變自己對其原有的感情，甚至變得非常失望與討厭他。夫妻、戀人、朋友以及師生之間都不例外。

曾有人做過這樣一個實驗。在一個大閱覽室中，當裡面僅有一位讀者的時候，心理學家便進去坐在他身旁，來測試他的反應。結果，大部分人都快速、默默地遠離心理學家到別的地方坐下，還有人非常乾脆明確地說：「你想幹什麼？」這個實驗一共測試了整整八十個人，結果都相同：在一個僅有兩位讀者的空曠閱覽室中，任何一個被測試者都無法忍受一個陌生人緊挨著自己坐下。

由此可見，人和人之間需要保持一定的空間距離。人人都需要一個能夠把握的自我空間，它猶如一個無形的「氣泡」爲自己劃分了一定的「領域」，而當這個「領域」被他人觸犯時，人便會覺得不舒服、不安全，甚至開始惱怒。

法國前總統戴高樂曾經說過：「僕人眼裡無英雄。」這也說明了人在和他人的交往過程中應該留有一定的餘地即相應的心理距離，否則偉大也會變得平凡。戴高樂是一個非常會運用心理距離效應的人，他的座右銘是：保持一定的距離！這句話深刻地影響了他與自己的顧問、智囊以及參謀們的關係。在戴高樂擔任總統的十多年歲月中，他的秘書處、辦公廳與私人參謀部等顧問及智囊機構中任何人的工作年限都不超過兩年。他總是這樣對剛上任的辦公廳主任說：「我只能用你兩年。就像人們無法把參謀部的工作當做自己的職業一樣，你也不能把辦公廳主任當做自己的職業。」這就是他的規定。

後來，戴高樂解釋說，這樣規定有兩個原因。第一，他覺得調動很正常，而固定才不正常。這可能是受到部隊做法的影響，因為軍隊是流動的，不存在一直固定在一個地方的軍隊。第二，他不想讓這些人成為自己「離不開的人」。唯有調動，相互之間才能夠保持一定的距離，才能夠確保顧問與參謀的思維、決斷具有新鮮感及充滿朝氣，並能杜絕顧問與參謀們利用總統與政府的名義來徇私舞弊。

戴高樂的這種做法值得我們深思。如果沒有距離，領導決策就會過分依賴於秘書或者某幾個人，易於讓智囊人員干政，進而使他們假借領導名義謀一己之私，後果將會非常嚴重。所以還是保持一定距離為好。

有了距離，才有了效果。有的時候人們常有這樣的感覺，每天和伴侶朝夕相處的時候，不覺得伴侶很重要，一旦對方出差很長時間，就覺得對方在自己的生命裡尤爲重要。

這就是人們常說的「距離產生美」。就像我們經常在影視劇裡看到的情景：一個男孩一直苦苦追求一個女孩，在追求的時候對她無比關心，可是女孩卻總不領情，當這個男孩喪失信心停止追求之後，女孩往往會突然發現，自己好像愛上了這個男孩。這就是「距離產生美」的心理效果，雖然不一定是真的愛，但卻是心理的變化。

懂得這個道理，我們就可以用「距離」來操縱對方的心理，實現自己的目標了。運用到管理實踐中，就是領導者與下屬保持心理距離，就可以避免下屬的防備和緊張，可以減少下屬對自己的恭維、奉承、送禮、行賄等行爲，可以防止與下屬稱兄道弟、吃喝不分……

總之，這樣做既可以獲得下屬的尊重，又能保證在工作中不喪失原則。一個優秀的領導者和管理者，要做到「疏者密之，密者疏之」，這才是成功之道。

酒店之王希爾頓就深諳此道。

希爾頓為自己的旅館王國立下過一條原則：最低的收費和最佳的服務。他要求飯店的所有職員一定要做到和氣為貴，顧客至上。不管是誰違反了這一規定，都要受到嚴厲的懲罰。

在平時的工作中，希爾頓總是和藹可親，他愛與員工們談天，關心他們的生活，熱心幫助解決員工的困難，所以員工們與他的關係都很融洽。和希爾頓聊天，就像是和一位長輩談心，不用拘束，也不用擔憂，因為他把每個人都當作酒店的主人來對待。但在原則問題上，他是絕不含糊的。在工作之餘，他從不邀請管理人員到家做客，也從不接受他們的邀請。

一次，飯店一位經理與顧客發生了爭執，居然還大吵了起來。希爾頓知道這件事後，立刻辭退了這位經理。雖然這位經理業務能力很強，為飯店做出過不小的貢獻，但希爾頓並沒有姑息他，而是嚴格地執行了規章。

希爾頓這種說一不二的性格，使得許多員工都認為他是一個特別嚴肅的人，所以都很尊重他，而正是這種保持適度距離的管理，讓希爾頓在酒店行業中的威望與日俱增。

與員工保持一定的距離，既不會使你高高在上，也不會使你與員工互相混淆身分，這是管理的一種最佳狀態。距離的保持靠一定的原則來維持，這種原則對所有人都一視同仁，因爲這樣既可以約束領導者自己，也可以約束員工。掌握了這個原則，也就掌握了成功管理的秘訣之一。

除了在管理上，做生意也是如此。

一位朋友經常抱怨：三番五次地接到通訊公司發來的服務短信，說什麼他剛才撥打的電話彩鈴非常好聽，要不免費試用兩個月？弄得他煩不勝煩……類似的事情還有很多。比如美容店、理髮廳給愛美的女士極力推薦美容新產品，推銷辦理各種會員積分卡、消費卡；影樓拍攝照片，店員極力推薦所謂的「優惠套餐」，並想盡辦法讓你增加洗片數量；到銀行辦理貸款，櫃員費盡口舌要你辦理某種理財業務；進入超市購物，服務員極力推薦某種洗髮產品等等。

請記住，有的時候對人過分熱情，不但沒有任何效果，反而會招來反感！

「放低姿態，即使失敗也可立於不敗之地」

一次，一架客機即將著陸，機上乘客忽然被通知，因為機場擁擠，無法降落，估計降落時間要推遲一小時。馬上，機艙裡一片埋怨之聲，乘客們都期待著這難熬的時刻趕緊過去。幾分鐘後，乘務員發佈消息，再過三十分鐘，飛機就可以降落了，乘客們如釋重負地鬆了口氣。又過了五分鐘，廣播裡說，飛機馬上就可以降落了。雖然晚了十幾分鐘，但乘客們卻喜出望外，紛紛拍手相慶。

生活中和這種情況相似的例子有很多，比如對於飯店服務員來說，客人會催問菜要做好需要幾分鐘，如果服務員說的時間比實際情況長了，那麼上菜時客人就會喜出望外，相反，如果服務員說的時間比實際情況短，客人會感到失望甚至是發火。

所以，聰明的服務員不會把時間往短了說，寧可先讓客人有一點小失望，也不願意菜沒按時上來，讓客人發更大的脾氣。

為人處事上，難免有做得不好的時候，難免有不小心傷害他人的時候，難免有需要對他人進行批評指責的時候，在這些時候，假若處理不當，就會降低自己在他人心目中的形象。如果巧妙運用「先冷後熱」效應，去操縱對方心理，不但不會降低自己的形象，反而會獲得他人好的評價。

當不小心傷害他人的時候，道歉不妨超過應有的限度，這樣不但可以顯示出你的誠意，而且會收到化干戈爲玉帛的效果；當要說令人不快的話語時，不妨事先聲明，這樣就不會引起他人的反感，使他人體會到你的用心良苦。

「往最壞處思考，往最好的方向努力」

生活中有很多的磨難和困境，那當你面對困境時，正確的做法是什麼呢？往最壞處打算，往最好的方向努力，這就是正確的做法。

世界著名的小提琴家歐爾・布林在巴黎的一次音樂會上，忽然小提琴的A弦斷了，他面不改色地以剩餘的三根弦奏完全曲。佛斯狄克說：「這就是人生，斷了條弦，你還能以其餘的三根弦繼續演奏。」

是的，這就是人生，當第一根弦斷的時候，如果你停下向前的腳步，對自己說自己再也沒有希望，那麼你剩下的三根弦就沒有機會發揮它們的作用，但如果你繼續拉下去，誰又能說你拉不出動聽的曲子呢？

身處困境時，要往最壞處打算，但要往最好的地方努力，自動尋找突破的機會。和人相處也是如此，當你覺得自己時運不濟的時候，不妨給自己端來一大盆冷水，讓自己徹底降溫。所謂「跌到谷底總會反彈」，冷靜之後再出發，會收穫無比的快樂。

你可以問自己，最糟糕的事是什麼？損失金錢？失去愛情？離別親人？遭人陷害？還是被病痛折磨得夠嗆？不，這些都不是最糟糕的事，只要你的生命尚存一口氣息，只要你還活在這個世界上，你就沒有理由抱怨自己的現狀太糟。除此之外，任何東西你失去了，哪怕你現在一無所有，也能夠從頭再來，沒什麼大不了。

人的一生是一段漫長的路程，不要因爲一時的失敗就否定自己，要有從頭再來的勇氣。要用平常心去看待人生中的起落，不能因爲一次的得失就斷定一生的成敗。人生的路上不可能永遠一帆風順，總有潮起潮落之時，有時失敗也未必是壞事。沒有昨天的失敗，也許未必有今天的成功。人生最大的敵人是自己，只有敢於承認失敗的人，敢於從頭再來的人，才能最終戰勝自己，戰勝命運。面對失敗，我們沒什麼可抱怨的，從哪裡跌倒，就從哪裡爬起來。

這個世界上大多數人都失敗過，一些人越戰越勇，排除萬難迎來了成功，而另外一些人卻從此一蹶不振，陷入人生的泥沼。其實，所有的不幸都不可怕，可怕的是我們喪失了鬥志，失去了面對的勇氣。只要我們的生命還在，跌倒了就爬起來，所有的傷痛都可以治癒！

有一首詩寫道：「白雲跌倒了，才有了暴風雨後的彩虹。夕陽跌倒了，才有了溫馨的夜晚。月亮跌倒了，才有了太陽的光輝。」在堅強的生命面前，失敗並不是一種摧殘，也並不意味著你浪費了時間和生命，而恰恰是給了你一個重新開始的理由和機會。

現實中有太多的人曾無數次被逆境擊倒、被欺凌甚至碾得粉身碎骨，因而失魂落魄地覺得自己一文不值！事實上無論發生什麼，或將要發生什麼，我們永遠不會喪失價值。無論骯髒或潔淨，衣著齊整或不齊整，我們依然是無價之寶。只要我們抱著大不了從頭再來的勇氣，下次的成功就一定屬於自己！

循序漸進，不斷縮小差距

一下子向別人提出一個較大的要求，人們一般很難接受，而如果逐步提出要求，不斷縮小差距，人們就比較容易接受。這就是所謂的「登門檻效應」。

一列商隊在沙漠中艱難地前進，晝行夜宿，日子過得很艱苦。

一天晚上，主人搭起了帳篷，在其中安靜地看書，忽然，他的僕人伸進頭來，對他說「主人啊，外面好冷啊，您能不能允許我將頭伸進帳篷裡暖和一下？」主人是很善良的，欣然同意了他的請求。

過了一會，僕人說道：「主人啊，我的頭暖和了，可是脖子還冷得要命，您能不能允許我把上半身也伸進來呢？」主人又同意了。可是帳篷太小，主人只好把自己的桌子向外挪了挪。

又過了一會兒，僕人又說：「主人啊，能不能讓我把腳伸進來呢？我這樣一部分冷、一部分熱，又傾斜著身子，實在很難受啊。」主人又同意了，可是帳篷太小，兩個人實在太擠，他只好搬到了帳篷外邊。

當個體先接受了一個小的要求後，爲保持形象的一致，他可能接受一項更大、更不合意的要求，這叫做登門檻效應，又稱得寸進尺效應。

心理學家認爲，一下子向別人提出一個較大的要求，人們一般很難接受。如果逐步提出要求，不斷縮小差距，人們就比較容易接受。這主要是由於人們在不斷滿足小要求的過程中已經逐漸適應，意識不到逐漸提高的要求已經大大偏離了自己的初衷。

登門檻效應通俗地說，就像我們登台階一樣，我們要走進一扇門，不可以一步飛躍，只有從腳下的台階開始，一級台階、一級台階地登上去，才能最終走進門裡。

想請求別人，讓別人做一件事，如果直接把全部任務都交給他，往往會讓人家產生畏難情緒，拒絕你的請求，但是如果化整爲零，先請他做開頭的一小部分，再一點一點請他做接下來的部分，別人往往會想，既然開始都做了，就善始善終吧，於是就會幫忙到底。

有兩個人做過一項有趣的調查。他們去訪問郊區的一些家庭主婦，請求每位家庭主婦將一個關於交通安全的宣傳標籤貼在窗戶上，然後在一份關於美化加州或安全駕駛的請願書上簽名。因為是一個小而無害的要求，所以很多家庭主婦爽快地答應了。

兩周後，他們再次拜訪那些合作的家庭主婦，要求她們再在院內豎立一個倡議安全駕駛的大招牌，該招牌並不美觀，但只需保留兩個星期。結果答應了第一項請求的人中有百分之五十五的人接受了這項要求。

他們又直接拜訪了一些上次沒有接觸過的人，這些家庭主婦中只有百分之十七的人接受了該要求。

是啊，既然已經在剛開始時表現出助人、合作的良好形象，那麼即便別人後來的要求有些過分，也不好推辭了。生活中，要想讓別人答應自己的要求，就需要借鑒登門檻效應。

如果你有一件棘手的事想請人幫忙，或者某個要求想征得別人同意，最好不要直接說出來，而是在提出自己真正的要求之前，先提出一個估計人家肯定會拒絕的大要求，待別人否定以後，再提出自己真正的要求，這樣，別人答應自己要求的可能性就會大大增加。

總之，掌握了「欲進尺先得寸」的方法，你就掌握了操縱別人爲你辦事的技巧。

「當面「恭維」，不如背地讚美」

阿華的公司長期和一家外貿企業合作做生意。外貿公司的大胖子徐經理可以說是他們的財神爺。有天在公司裡，阿華極力勸說徐經理和他們擴大貿易範圍，費了九牛二虎之力也沒能說服徐經理。

徐經理剛一走，阿華就惱羞成怒地說：「你們看徐胖子，出息不多，顧慮不少。」結果徐經理忘了拿包，正好回來。雖然旁人不斷給阿華使眼色，但他越說越得意：「他以為他是誰啊？往公司大門口一站，蚊子都只有側著身子才能飛進來，他那條短褲，肯定是他老婆用兩個米袋子改的……」全然沒注意到徐經理正在自己後面。

過了一會兒，阿華才發現人們都不笑了，一回頭，恰好看到徐經理漲得發紫的臉，阿華當時的那種尷尬勁就甭提了。

旁人趕緊打圓場：「阿華這個傢伙，就是嘴巴討厭。」阿華也急忙賠著笑臉道歉，說自己喜歡開玩笑。徐經理當時沒吭一聲就走了。

之後，雖然阿華多次請徐經理吃飯，想方設法賠禮道歉，但關係始終恢復不到以前的樣子了，合作生意因此也少了很多。這就是背後說人壞話的代價。

相反，《紅樓夢》中有這麼一段描寫：史湘雲、薛寶釵勸賈寶玉作官爲宦，賈寶玉大爲反感，對著史湘雲和襲人讚美林黛玉說：「林姑娘從來沒有說過這些混帳話！要是她說這些混帳話，我早和她生分了。」

湊巧這時黛玉正來到窗外，無意中聽見賈寶玉說自己的好話，不覺又驚又喜，又悲又歎。結果寶黛兩人互訴肺腑，感情大增。

在林黛玉看來，寶玉在湘雲、寶釵、自己三人中只讚美自己，而且不知道自己會聽到，這種好話不但是難得的，還是無意的。倘若寶玉當著黛玉的面說這番話，多心的林黛玉也許非但不領情，還會覺得寶玉在嘲笑自己，即使領了情，效果也沒這麼好。

做人做事有這樣一條規則：判斷別人時你自己也被別人判斷。

一個經常說別人壞話，挑別人短處，指責別人錯誤的人，只會讓人感到其愛挑剔而難於與其相處，讓人感到其品質惡劣而對其厭煩。如果你總是認爲這個也不好，那個也不行，人人都有問題，那麼只能說明你自己不善於與人相處，自己有問題。別人正是通過你對別人的判斷，來判斷你的為人。

喜歡聽好話似乎是人的一種天性。當來自社會、他人的讚美使其自尊心、榮譽感得到滿足時，人們便會情不自禁地感到愉悅和鼓舞，並對說話者產生親切感，這時彼此之間的心理距離就會因一句好話而縮短、靠近，自然就為交際的成功創造了必要的條件。

與其言而無信，不如別向他人承諾

「君子一言，駟馬難追」，講的是做人的信用度。一個不講信用的人，是爲人所不齒的。

現在的生意場上，公司、企業做廣告做宣傳，樹立公司、企業在公眾中的形象，就是想提高公司、企業的信用度。信用度高了，人們才會相信你，和你有來往，成交生意，你辦事才會容易成功。

人無信不立。信用是個人的品牌，是辦事的無形資本。有形資本失去了還可以重新獲得，而無形資本失去了就很難重新獲得了。辦事再困難也不能透支無形資本。

諸葛亮有一次與司馬懿交鋒，雙方僵持數天，司馬懿就是死守陣地，不肯向蜀軍發動進攻。諸葛亮為安全起見，派大將姜維、馬岱把守險要關口，以防魏軍突襲。

這天，長史楊儀到帳中稟報諸葛亮說：「丞相上次規定士兵一百天一換班，今已到期，不知是否……」

諸葛亮說：「當然，依規定行事，交班。」

眾士兵聽到消息立即收拾行李，準備離開軍營。忽然探子報魏軍已殺到城下，蜀兵一時慌亂起來。

楊儀說：「魏軍來勢兇猛，丞相是否把要換班的四萬軍兵留下，以退敵急用。」

諸葛亮擺手說：「不可。我們行軍打仗，以信為本，讓那些換班的士兵離開營房吧。」

眾士兵聞言感動不已，紛紛大喊：「丞相如此愛護我們，我們無以報答丞相，決不離開丞相一步。」

蜀兵人人振奮，群情激昂，奮勇殺敵，魏軍一路潰散，敗下陣來。

諸葛亮向來恪守原則，換班的日期來到，即毫不猶豫地交班，就是司馬懿來攻城也不違反原則。以信爲本，誠信待人，終於完成了他的傑作。

顧炎武曾以詩言志：「生來一諾比黃金，那肯風塵負此心」，以此表達自己堅守信用的態度。言必信，行必果，不但是對人的尊重，更是對己的尊重。

當朋友托我們給他辦事時，我們若能提供幫助那是義不容辭。但是，辦事要量力而行，不要做「言過其實」的許諾。因爲，諾言能否兌現除了個人努力的問題，還有一個客觀條件的因素。平時可以辦到的事，由於客觀環境變化了，一時又辦不到，這種情形是常有的事。因此就需要我們在朋友面前不要輕率地許諾，更不能明知辦不到還打腫臉充胖子，在朋友面前逞能，許下「寡信」的「輕諾」。

當你無法兌現諾言時，不僅得不到朋友的信任，還會失去更多的朋友。

有一個年輕人在銀行工作，他過去的老師想開一家公司，卻缺少資金，便去問他能不能幫忙貸款。

他想：「這是老師第一次找自己幫忙，怎麼能拒絕呢？」當即一口答應。可是，他畢竟剛參加工作不久，還沒取得說話的資歷，老師的貸款請求又不完全合乎規章，所以，當老師租好門面，請好員工，等著資金開業時，他這裡卻拿不出錢來，搞得很被動。

老師大怒，責備他說：「你這不是捉弄我嗎？你即使不想幫我，也不該害我！」他能說什麼呢？只好苦笑而已。

有些人是不好意思拒絕別人而向他人承諾，而有些人則喜歡胡亂吹噓自己的能力，隨隨便便向別人誇下海口，承諾自己根本辦不到的事情。結果不但事情沒有辦成，自己的人緣也搞臭了。

既然許下諾言，那麼無論刀山火海都不能反悔，你不能言而無信。所以，乾脆不要輕易向人承諾，不輕易向人許諾你可能辦不到的事，就不會失信於人。

要獲得守信的形象並不容易。最要緊的一條是，別答應你無法兌現的事。這不僅是一個主觀上願不願意守信的問題，也是一個有無能力兌現的問題。一個人經常答應自己無力完成的事，當然會使別人一次又一次失望。

一個商人臨死前告誡自己的兒子：「你要想在生意上成功，一定要記住兩點：守信和聰明。」

「那麼什麼叫守信呢？」兒子焦急地問。

「如果你與別人簽訂了一份合同，而簽字之後你才發現你將因為這份合同而傾家蕩產，那麼你也得照約履行。」

「那麼什麼叫聰明呢？」

「不要簽訂這份合同。」

如果將守信理解爲一種品德，那麼可能會較難堅持，但如果將它理解爲一種回報率很高的長期投資，可能會比較容易變成一種自覺的行動。當你獲得了一個守信用的形象時，就會獲得越來越多人的信任，也會因而帶來越來越多的機會，這就好似擁有了一座金礦。反之，缺此一條，別的方面再優秀，也難成大器。

「話到嘴邊繞三圈，想好了再開口」

有位做母親的感覺很苦，因為她與自己上小學的兒子無法溝通。她苦口婆心地與兒子談，卻總是沒有效果。這一天，兒子在學校又惹事了，母親卻因突發咽喉炎而失聲，當她拉著孩子的手與他面對面坐下時，她很急、很氣，但不能說一句話，只是緊緊地將孩子的手握在手心，很久。

第二天，兒子對母親說：「媽媽，你昨天什麼都沒說，但我全明白了。」出乎意料的效果，讓母親熱淚盈眶。

是的，有時候，沒有聲音強過有聲音。在職場上，爲什麼不讓自己多做事，少說話呢？所謂「禍從口出」，如果少說話，不但不會有被同事出賣的危險，而且也不會因爲你說得少，就剝奪了你表現自己的機會，因爲大多數上司看中的是你做了什麼，而不是你說了什麼。

我們在說話之前，一定要「話到嘴邊繞三圈」，給自己思考的餘地，想好了再說，而不要爲了一時的口舌之利招災惹禍。

把「我的」說成「我們的」

《福布斯》雜誌上曾登過一篇名為「良好人際關係的一劑藥方」的文章，其中有幾點值得借鑑。

語言中最重要的五個字是：「我以你為榮！」

語言中最重要的四個字是：「您怎麼看？」

語言中最重要的三個字是：「麻煩您！」

語言中最重要的兩個字是：「謝謝！」

語言中最重要的一個字是：「你！」

語言中最次要的一個字是：「我。」

亨利．福特二世描述令人厭煩的行為時說：「一個滿嘴『我』的人，一個獨佔『我』字，隨時隨地說『我』的人，是一個不受歡迎的人。」

農夫甲和農夫乙忙完了田裡的工作，一起回家。他們走在路上，農夫甲忽然發現地上有一把斧頭，就跑過去撿起那把斧頭。他說：「我們發現的這把斧頭還挺新啊！」就想帶回家占為己有。農夫乙看到這把斧頭是農夫甲發現的，應該歸他所有，就對農夫甲說：「你剛才說錯了，你不應該說『我們發現』，因為這是你先看見，所以你應該改口說『我發現了一把斧頭』才對。」

他們兩個繼續往前走，農夫甲的手上仍然拿著那把斧頭。過了一會兒，遺失這把斧頭的人走了過來，遠遠地看見農夫甲的手上拿著他的斧頭，就匆匆忙忙地追上來，眼看對方就要追上來了。這時候農夫甲很緊張地看了農夫乙一眼，然後說：「怎麼辦？這下子我們就要被他捉到了。」

農夫乙聽他這麼一說，知道甲想把責任歸咎到兩個人的身上。於是農夫乙就很嚴肅地對農夫甲說：「你說錯了，剛才你說斧頭是你發現的，現在人家追來了，你就應該說『我快被他捉到了』，而不是說『我們快被他捉到了』。」

在人際交往中，「我」字講得太多並過分強調，會給人突出自我、標榜自我的印象，這會在對方與你之間築起一道防線，形成障礙，影響別人對你的認同。因此，關注攻心的人，在語言交流中，總會避開「我」字，而用「我們」開頭。

人們最感興趣的就是談論自己的事情，而對於那些與自己毫無相關的事情，大多數人覺得索然無味。對於你表現出很大興趣的事情，常常不僅不能引起別人的共鳴，說不定別人還覺得好笑。年輕的母親會熱情地對人說：「我們的寶寶會叫『媽媽』了。」她這時的心情是高興的，可是旁人聽了會和她一樣地高興嗎？不一定，誰家的孩子不會叫媽媽呢？你可不要爲此而大驚小怪！這是正常的事情，如果是不會叫媽媽的孩子那才是怪事呢。所以，在你看來是充滿喜悅的事情，別人卻不一定有同感，這是人之常情。

竭力忘記你自己，不要總是談你個人的事情。人人喜歡的是自己最熟知的事情，那麼，在交際上你就可以利用別人的這一特性，儘量去引導別人說他自己的事情，這是使對方高興最好的方法。你以充滿同情和熱誠的心去聽他敘述，你一定會給對方以最佳的印象，並且對方會熱情歡迎你，熱情接待你。

無論是與朋友還是客戶交談，多談一談對方的得意之事，這樣容易贏得對方的贊同。如果恰到好處，他肯定會高興，並對你心存好感。

不要脫口而出說「你錯了」

當我們犯了錯誤時，並非意識不到犯了錯誤，只是頑固地不肯承認而已。所以，當你對一個人說「你錯了」時，必然會撞在他固執的牆上。

沒有幾個人具有邏輯性思考的能力。我們多數人都具有武斷、固執、嫉妒、猜忌、恐懼和傲慢等缺點，所以我們很難向別人承認自己錯了。而且，一個人說錯話或者做錯事，總是有原因的，所以我們即使明知自己錯了，也會強調客觀原因，認爲錯得有理。

正如羅賓森教授在他的《下決心的過程》中所說：

「我們有時會在毫無抗拒或熱情淹沒的情形下改變自己的想法，但是如果有人說我們錯了，反而會使我們遷怒對方，更固執己見。我們會毫無根據地形成自己的想法，但如果有人不同意我們的想法時，反而會全心全意維護我們的想法。顯然不是那些想法對我們珍貴，而是我們的自尊心受到了威脅……『我的』這個簡單的詞，是為人處事的關係中最重要的，妥善運用這兩個字才是智慧之源。不論說『我的』晚餐，『我的』狗，『我的』房子，『我的』父親，『我的』國家或『我的』上帝，都具備相同的力量。我們不但不喜歡說我的錶不準，或我的車太破舊，也討厭別人糾正我們對火車的知識……我們願意繼續相信以往慣於相信的事，而如果我們所相信的事遭到了懷疑，我們就會找藉口爲自己的信念辯護。結果呢，多數我們所謂的推理，變成找藉口來繼續相信我們早已相信的事物。」

有一位先生，請一位室內設計師為他的居所佈置一些窗簾。當帳單送來時，他大吃一驚，意識到在價錢上吃了很大的虧。

過了幾天，一位朋友來看他，問起那些窗簾的價格時，說：「什麼？太過分了，我看他占了你的便宜。」

這位先生卻不肯承認自己做了一樁錯誤的交易，他辯解說：「一分錢一分貨，貴有貴的價值，你不可能用便宜的價錢買到高品質又有藝術品味的東西……」

結果，他們為此事爭論了一個下午，最後不歡而散。

當我們不願承認自己錯了的時候，完全是情緒作用，跟事情本身已經沒有關係。當我們錯的時候，也許會對自己承認，如果對方處理得很巧妙而且和善可親，我們也會對別人承認，甚至爲自己的坦白直率而自豪。但如果有人想把難以下嚥的事實硬塞進我們的食道，那我們是決不肯接受的。

既然我們自己是這種習性，那麼就可以理解別人也具有同樣的習性，因此不要把所謂「正確」硬塞給他。

有一位汽車代理商，在處理顧客的抱怨時，常常冷酷無情，決不肯承認是自己這方面的錯誤，總想證明問題的根源是顧客在某些方面犯了錯誤。結果，他每天陷於爭吵和官司糾紛中，心情一天比一天壞，生意也大不如以前。

後來，他改變了處理客戶抱怨的辦法。當顧客投訴時，他首先說：「我們確實犯了不少錯誤，真是不好意思。關於你的車子，我們有什麼做得不合理的地方，請你告訴我。」這個辦法很快使顧客解除武裝，由情緒對抗變成理智協商，於是事情就容易解決了。如此一來，這位代理商就能輕鬆地處理每一件事情，生意也越來越好。

當我們說對方錯了的時候，他的反應常讓我們頭疼，而當我們承認自己也許錯了時，就絕不會有這樣的麻煩。這樣做，不但能避免所有的爭執，而且可以使對方跟你一樣地寬宏大度，承認他也可能弄錯。

古埃及阿克圖國王在一次酒宴中對他的兒子說：「圓滑一點，它可使你予求予取。」

不要對別人的錯誤過於敏感，不要執著於所謂正確的意見，不要輕易刺激任何人。如果你要使別人同意你，應當牢記的一句話就是：「尊重別人的意見，永遠別輕易說『你錯了』。」

不要隨便把自己的「破綻」告訴對方

前不久，小張抱怨說自己被同事出賣了。他們兩個是一同進的公司，工作表現也相差不多。面臨嚴峻的經濟形勢，公司有裁員的打算。因為他們是好朋友，所以無話不談。在一次吃飯的過程中，他對自己的同事說：「最近人心惶惶，一點也沒有工作的心思，所以我就上班玩遊戲打發時間。」

同事非常好奇地問：「難道不怕被老闆發現嗎？」

小張沾沾自喜地說自己有妙招：「我打的是隱蔽性極強的巨人遊戲。」

可想而知，他的同事為了保住自己的飯碗，將這件事告發了。就在他遊戲玩得正酣之時，老闆站到了他的電腦前，鐵證如山，他無言以對。他只能看著憤怒的老闆離去，並且等待著被裁的消息。

被出賣的感覺許多人都明白，一旦被出賣，感覺全世界都騙了你，感覺你只是工具，你被人利用了，從尊嚴和人格上，都被污辱了。而同事之間的出賣更是家常便飯，難怪很多人鬱悶地問了一次又一次：「職場上到底有沒有朋友？」

我可以回答你：「有的。」

「是朋友，爲什麼要出賣我？」你一定會接著這樣問。

答案很簡單，第一，前面說過，朋友要分等級，你認爲他是朋友，可是，職場便是一個利益場，「朋友」這個概念顯得非常蒼白。第二，出賣你的也許不是你的同事，而是你自己。不是嗎？誰讓你口無遮攔，恣意妄爲？誰讓你說對自己沒有好處的話，或者自己違反紀律的話？這純粹是一種愚蠢的行爲。

如果把職場比喻成爲一片汪洋，每個在汪洋中奮進的泳者，除了要鍛煉自己的泳技實力外，也要顧慮起伏的潮汐，行有餘力，還可以當個救生員來拉同事一把。然而並不是任何人都可以勝任救生員的工作，畢竟想要救人，得先學會自救。

熱心的救生員或許曾救過無數的人，然而，也有救生員在執行救人任務時，慘遭對方拖下水。

曾經在職場上有過被人出賣經驗的人，沒有不爲自己捏把冷汗的。別以爲平日同事對自己照顧有加，就可以全然不顧一切對他掏心掏肺，害人之心不可有，防人之心不可無！

「不揭他人之短，不探他人之秘」

「逆鱗」一說可能許多人並不太瞭解。逆鱗就是龍喉下直徑一尺的地方，傳說中龍的身上只有這一處的鱗是倒長的，無論是誰觸摸到這一位置，都會被激怒的龍殺掉。

人也是如此，無論一個人的出身、地位、權勢、風度多麼傲人，都有不能被別人言及、不能冒犯的角落，這個角落就是人的「逆鱗」。

因爲人人都有各自不同的成長經歷，都有自己的缺陷、弱點，也許是生理上的，也許是隱藏在內心深處不堪回首的經歷，這些都是他們不願提及的傷疤，是他們在社交場合極力隱藏和迴避的問題。被擊中痛處，對任何人來說，都不是一件令人愉快的事。無論是對什麼人，只要你觸及了他這塊傷疤，他都會採取一定的方法進行反擊，從而獲求一種心理上的平衡。

揭短，有時是故意的，那是互相敵視的雙方用來攻擊對方的武器；有時又是無意的，那是因爲某種原因一不小心犯了對方的忌諱。但是總體來說，有心也好，無意也罷，在待人處世中揭人之短都會傷害對方的自尊，輕則影響雙方的感情，重則導致人際關係緊張。

張小姐是某機關辦公室人員，她性格內向，不太愛說話。可每當就某件事情徵求她的意見時，她說出來的話總是很「刺」，而且她的話總是在揭別人的短。

有一回，自己部門的同事穿了件新衣服，別人都稱讚「漂亮」、「合適」之類的話，可當人家問張小姐感覺如何時，她直接回答說：「你身材太胖，不適合。」甚至還說：「這顏色真豔，只有街頭老太太才這樣穿。」

這話一出口，便使得當事人很生氣，而且周圍大贊衣服如何如何好的人也很尷尬。

雖然有時張小姐會為自己說出的話不招人喜歡而後悔，可很多時候，她照樣說讓人接受不了的話。久而久之，同事們把她排除在團體之外，很少就某件事去徵求她的意見。

儘管這樣，如果偶然需要聽聽她的意見時，她還是管不住自己，又把別人最不愛聽的話給說出來了。

現在公司裡幾乎沒有人主動答理她，張小姐自然明白大家不答理她的原因。

我們常說矬子面前不說短、胖子面前不提肥、「東施」面前不言醜，對讓人失意的事應儘量避而不談。避諱不僅是處理人際關係的技巧問題，更是對待朋友的態度問題。尊重他人就是尊重自己。要爲自己留口德。

通常情況下，人在吵架時最容易暴露其缺點。無論是挑起事端的一方還是另一方，都是因爲看到了對方的缺點並產生了敵意，敵意的表露使雙方關係惡化，進而發生爭吵。爭吵中，雙方在眾人面前互相揭短，使各自的缺點都暴露在大庭廣眾之下，無論對哪一方來說都是不小的損失。

《菜根譚》中有句話：「不揭他人之短，不探他人之秘，不思他人之舊過，則可以此養德疏害。」做大事的人，他不會冒冒失失地挑起爭端，反而會做好表面文章，讓對方覺得你對他是富有好感，凡事爲他著想的。

任何一個人都是可以成爲敵人也可成爲朋友的，而多一些朋友總比四面樹敵要好。把潛在的對手轉化爲自己的朋友，這才是最好的辦法。

打人不打臉，罵人不揭短。言論自由的現代社會，人們一樣也有忌諱心理，有自己與人交往所不能提及的「禁區」。在辦公室中，尤其是那種當面揭短的話更是不能說，因爲揭短不但會使同事之間的關係惡化，還可能造成更爲嚴重的後果。

但事實是，有些人認識到揭短的害處，甚至會奉勸自己的朋友，自己卻在行爲上不能克制。只能提醒別人而不能提醒自己，這同樣是很危險的。

在一座小城裡，有一個老太太每天都會坐在馬路邊望著不遠處的一堵高牆，她總覺得它馬上就要倒塌，很危險。於是見有人向那裡走過去，她就善意地提醒：「那堵牆要倒塌了，遠著點走吧。」

被提醒的人不解地看著她，大模大樣地順著牆根走過去了，但那堵牆並沒有倒塌。老太太很生氣：「怎麼不聽我的話呢？」

接下來的三天，她仍然在提醒著別人，但許多人都從牆根走過去了，也沒有遇到危險。

第四天，老太太感到有些奇怪，又有些失望：「它怎麼沒有倒呢？明明看著要倒的啊。」

她不由自主地走到牆根下仔細觀望，然而就在此時，牆終於倒塌了，老太太被淹沒在石磚當中，當場氣絕身亡。

為什麼我們不能在提醒別人的時候也提醒自己呢？

提醒自己給別人留點餘地、給別人留點尊嚴。每個人都有不足的地方，容許別人的不足，也是對自己的寬恕，因為世界上沒有完人，包括自己。

- 不要以為隨便揭別人的短，可以讓自己顯得更加高尚。錯了，這麼做只能說明自己沒有道德。
- 想在上司面前揭同事的短，來借此突出自己是極為危險的。
- 如果你當面揭上司的短，那麼就做好走人的準備吧。

「察言觀色，人心難測但可以測」

在我們剛剛踏上社會的時候，老一輩人總是告誡我們：要看別人的臉色行事，萬萬不可莽撞。

剛開始，我們都認爲這句話是消極的，大丈夫闖天下，靠的是自己的本事，憑什麼要看別人的臉色行事?但現實是複雜的，我們與人交往時不得不「察顏觀色」。

美國心理學家保爾・埃克曼曾經做過這樣一個實驗：

他把一些白人的照片拿到新幾內亞一個處於石器時代的部落中去。那裡的島民與世隔絕，以前從未見過白人，但他們都能正確無誤地說出照片上白人的各種表情表達什麼意思，這就是人類表情的共性特徵。

隨著時代的發展，人類的內心世界越來越豐富，表情作爲心靈臉譜的作用也就越來越明顯。有經驗的人通過觀察人的表情和表情變化，就可以探知對方的內心世界。俗話說「看天要看雲，看人要看臉，看雲知天氣，看臉知人心」就是這個道理。

我們分析面部表情，應該從兩個方面下手。

一個是固化在人臉上的表情所顯示的個人性格特點。一般來看，面部皺紋較多的人，大多經歷坎坷，故而做事踏實求穩，待人態度和藹可親，有長者之風；耳朵大的人善於傾聽別人的意見，同時不害怕挑戰和風險；嘴唇厚的男人比較木訥，但心地善良，情感細膩；眉毛細長的女人則多才多藝，缺點是性格急躁，容易發火；雙眉間留有紋路的人，是那種內心不容易感到滿足、欲望過多的人，因爲欲望多，但現實又不能滿足他，經常皺眉，所以就容易產生眉間紋；而對待別人刻薄的人，則愛撇嘴，所以嘴角邊、臉頰兩側也容易留下皺紋。

另一個是表情細微變化所顯示的個人心理變化。這在心理學上叫作「微表情」，也就是說，人們可以不表達自己的真實感受，但是，在人們做的不同表情之間，或是某個表情裡，臉部卻會「洩露」出真實的想法。

美國聯邦調查局官員卡特在調查一起殺人案時，碰到了一個硬釘子。嫌疑人瑪律默堅決不承認自己殺害了鄰居，警方現有的證據也沒有辦法證明瑪律默就是兇手。

面對性格沉穩、狡猾詭詐的瑪律默，卡特精心設計了一套詢問方案，圍繞著瑪律默在殺人案前後的行蹤設計了很多問題。比如殺人案發生之前，瑪律默究竟在哪裡，瑪律默是否聽到了什麼怪異的聲音，殺人案發生之後，瑪律默是如何知道消息的等等。當然，這些問題中包含著一個重要的核心問題，那就是你認為兇手會怎麼處理兇器呢？是丟棄在下水道或不遠處的湖裡，還是帶走？

瑪律默的回答相當簡單，如果能用一個字說清楚，他絕不會用兩個字。一番訊問下來，卡特的搭檔們認為卡特這次又是徒勞無功，可卡特卻信心滿滿地告訴大家：「沒錯，兇手就是這個瑪律默！」

大家都非常奇怪，這次訊問，瑪律默的回答和上一次幾乎相同，這個傢伙似乎早就把回答警方提問的答案準備好並且背熟了，為什麼這一次卡特就能確定他是兇手呢？

卡特告訴大家，在剛才的詢問過程中，他非常注意觀察瑪律默的微表情變化。瑪律默是個具有一定反偵察能力的人，他知道如果不敢和卡特對視，那麼他很容易被認定是兇手，所以在整個詢問過程中，瑪律默一直和卡特對視。但實際上，瑪律默的心裡並不平靜。卡特讓他猜測兇手可能怎樣處理兇器時，中間提到了「不遠處的湖裡」這個地點，雖然當時瑪律默的表情鎮定自若，但是他的眼皮卻輕輕眨了一下，這種眨眼並非出自生理的需要，而是他下意識地想遮擋住卡特看透他心靈的目光，但這種遮掩的效果恰恰證明了瑪律默的心虛。

卡特和搭檔們再接再厲，最終從瑪律默家旁邊的湖裡，發現了一把帶有瑪律默指紋的尖刀，瑪律默只能低頭認罪。

微表情因其發生時間極爲短暫、動作幅度細微而容易被我們忽視，但是這種表情卻是我們瞭解對方心境的第一手資料。微表情的作用如此重要，觀察微表情卻是一件不太容易的事。通常情況下，只有百分之十的人天生具有體察微表情的能力，好在觀察微表情這種技能並非深不可測，我們很多人經過訓練，也能在這方面達到一定的高度。

6章

思考自己的定位
用自知洞察出路

人生猶如一張地圖，
必須找到目前你所在的準確位置並確定最終的目的地所在，
才能描繪出一道清晰的生命軌跡。
明確自己想要的人生，命運的鑰匙就在自己的手心裡。

跨越心理高度，走出自我設限的牢籠

一位科學家曾做過這樣一個實驗：把跳蚤放在桌子上，然後一拍桌子，跳蚤條件反射似地跳起來，跳得很高。然後，科學家在跳蚤的上方放一個玻璃罩，再拍桌子，跳蚤再跳就撞到了玻璃。跳蚤發現有障礙，就開始調整自己的高度。然後科學家再把玻璃罩往下壓，之後再拍桌子。跳蚤再跳上去，再撞上去，再調整高度。就這樣，科學家不斷地調整玻璃罩的高度，跳蚤就不斷地撞上去，不斷地調整高度。直到玻璃罩與桌子高度幾乎相平，這時，科學家把玻璃罩拿開，再拍桌子，跳蚤已經不會跳了，變成了「爬蚤」。

跳蚤之所以變成「爬蚤」，並非牠已喪失了跳躍的能力，而是由於一次次受挫學乖了。牠爲自己設限，認爲自己永遠也跳不出去。儘管後來玻璃罩已經不存在了，但玻璃罩已經「罩」在牠的潛意識裡，「罩」在牠的心上，變得根深蒂固。這也就是我們所說的「自我設限」。

你是否也有過類似的遭遇？生活中，一次次的受挫、碰壁後，奮發的熱情、欲望就被「自我設限」壓制、扼殺。你開始對失敗惶恐不安，卻又習以爲常，喪失了信心和勇氣，漸漸養成了懦弱、猶豫、害怕承擔責任、不思進取、不敢拚搏的心理意識和習慣，這些裹足不前的意識漸漸捆綁住你，讓你陷在自我的套子裡無力自拔，久而久之，你就失去了創造熱情，再也奮發不起來了。其實過多的「自我設限」是沒有必要的，人本身具有巨大的潛能，只要你勇敢地發掘，你就會發現，原來事情並沒有自己想像的那樣可怕，成功的大門是向所有人敞開的。

如果你自認爲是侏儒，只期待渺小的事情，你永遠也不可能成爲巨人。雕像永遠只會像模特兒，而模特兒就是雕像的心理極限。

溪流的流向永遠不會高於它的源頭。

能否跨越現有的心理高度將成爲一種標誌，它代表了與理想相匹配的能力，代表了能夠讓理想成爲現實的力量。這種跨越能夠激發我們內在的潛能，喚起我們體內更優秀、更崇高的品質。

跨越自己的心理高度能夠讓一個普通人成功，而如果不能跨越自己的心理高度，就算是天才也將會遭受失敗。跨越現有的心理高度能帶你走到山巔，因此你可以擁有很好的視野，在那裡，你所能看到的風景是那些在山谷裡的人無法想像到的。

新的心理高度會爲我們開啓一扇理想之門，讓我們能夠看見生活中無限的可能性，並爲我們展示自己體內那不可戰勝的力量。

新的心理高度是我們體內的先知，是被指派來陪伴人類的神聖信使，它將引導與鼓勵我們走完人生。

新的心理高度讓人類看到自身的潛力，使我們不至於灰心喪氣，不至於停止向上奮鬥的步伐。

新的心理高度能讓我們看到我們所看不到的東西，它能讓我們看到我們由於疑慮與恐懼而被遮蔽的才智、能力與潛力。

……

跨越自己的心理高度會讓你穿越當下的界限，掙脫當下的枷鎖，跨越當下的障礙，看到更遠大的未來。

正是遠大的追求讓哥倫布能夠承受西班牙內閣的嘲笑與詆毀。當水手們以叛變相威脅，當小船在未知海域茫然飄搖時，正是堅定的信念讓他能夠支撐下去，朝著自己的目標前行。

正是超出常人的心理高度賦予富爾頓以勇氣與決心，讓他敢於在數千名抱著幸災樂禍的態度看他出洋相的市民面前，首次駕駛「克萊蒙」號逆流而上前往休士頓。儘管全世界都在反對他，但他相信他的嘗試一定會成功。

跨越心理高度就能創造奇蹟！歷史上，那些不斷跨越自己心理高度的人完成了多少看似不可能完成的任務。如果不是因爲跨越了自己的心理高度，多少發明者和發現者會在重重困難以及不斷失敗的實驗當中徹底失去勇氣的前提下，重新出發取得最好的成功。正是這種跨越才讓這些英雄人物堅持到底，直到成功爲止。

如果我們敢於往上看，我們就能到達偉人所能到達的高度。

許多人舉步不前，唯一的原因也許就是因爲他們低估了自己。他們思想的局限性、認爲自己無用和愚蠢的信念幾乎可以說是他們最大的障礙。在宇宙當中，如果一個人自認爲無能，那就沒有任何力量可以幫助他去實現成功。

失敗者往往都是那些受困於自身心理高度的人。他們總是認爲自己不配擁有世界上最優秀的東西，各種優秀與美好的事物都不是爲他們而設計。這些人之所以做著卑微的工作，過著平庸的生活，都是因爲他們對自己的要求與期望值不夠高。他們不明白，自己完全可以掌控自己的命運，可以實現任何可能的目標，做自己想做的人！

聆聽自我的需求，跟隨內心的召喚

熙熙攘攘的倫敦街頭，繁華的霓虹燈下，一個可憐的乞丐站在地鐵出口處賣鉛筆，很多人看也不看一眼便越過他直奔自己的目的地。乞丐正盤算著如何更好地乞討以解決自己的晚餐時，一名商人路過，向乞丐杯子裡投入幾枚硬幣，匆匆忙忙而去。過了一會兒商人轉回來取了支鉛筆，他說：「對不起，我忘了拿鉛筆，你我畢竟都是商人。」乞丐猶如遭遇當頭棒喝……

幾年後，商人參加一次高級酒會，遇見了一位衣冠楚楚的先生向他敬酒致謝。那這位先生說，他就是當初賣鉛筆的乞丐。他生活的改變，得益於商人的那句話：你我都是商人。那位先生對商人說：「是你給了我重新定位人生的機會。」

故事告訴我們，當你把自己定位於乞丐，你就是乞丐；當你把自己定位於商人，你就是商人。定位對於人生舉足輕重，一個人的發展在某種程度上取決於自己對自己的評價，在心目中你把自己定位成什麼，你就是什麼，因爲定位能決定人生，定位能改變人生。

汽車大王福特自幼幫父親在農場幹活，十二歲時，他就在頭腦中構想用能夠在路上行走的機器代替牲口和人力，而父親和周圍的人都要他在農場做助手。若他真的聽從了父輩的安排，世間便少了一位偉大的企業家，所幸，福特堅信自己可以成為一名機械師。

於是他用一年的時間完成了其他人需要三年才能完成的機械師訓練，隨後又花兩年多時間研究蒸汽原理，試圖實現他的目標，但未獲成功。後來他又投入到汽油機研究上來，每天都夢想製造一部汽車。他的創意被大發明家愛迪生所賞識，邀請他到底特律公司擔任工程師。

經過十年努力，在廿九歲時，福特成功地製造了第一部汽車引擎。今日美國，每個家庭都有一部以上的汽車，底特律是美國大工業城市之一，也是福特的財富之都。福特的成功，不能不歸功於他定位的正確和不懈的努力。

反過來說，就算你給自己定位了，如果定得不切實際，或者沒有一種健康的心態，也不會取得成功。

在美國西部的一個小鄉村，一位家境清貧的少年在十五歲那年，寫下了他氣勢非凡的畢生願望：「要到尼羅河、亞馬遜河和剛果河探險；要登上珠穆朗瑪峰、乞力馬札羅山和麥金利峰；駕馭大象、駱駝、鴕鳥和野馬；探訪馬可波羅和亞歷山大一世走過的道路；主演一部《人猿泰山》那樣的電影；駕駛飛行器起飛降落；讀完莎士比亞、柏拉圖和亞里斯多德的著作；譜一部樂曲，寫一本書；擁有一項發明專利；給非洲的孩子籌集一百萬美元捐款……」

他洋洋灑灑地一口氣列舉了一百廿七項人生的宏偉志願。不要說實現它們，就是看一看，也足夠讓人望而生畏了。

少年的心卻被他那龐大的畢生願望鼓蕩得風帆勁起，他的全部心思都已被那一生的願望緊緊地牽引著，並讓他從此開始了將夢想轉為現實的漫漫征程，一路風霜雨雪，硬是把一個個近乎空想的夙願，變成了活生生的現實，他也因此一次次地品味到了搏擊與成功的喜悅。四十四年後，他終於實現了《一生的願望》中的一百零六個願望。

他就是上個世紀著名的探險家約翰・戈達德。

當別人驚訝地追問他是憑著怎樣的力量，把那許多註定的「不可能」都踩在了腳下。他微笑著如此回答：「很簡單，我只是讓心靈先到達那個地方，隨後，周身就有了一股神奇的力量，接下來，就沿著心靈的召喚前進罷了。」

成功是人人都渴望的，但是堅持不達目標不甘休，以及能爲到達成功彼岸而付出一切努力，卻不是人人都能做到的。究竟怎樣才能走向成功呢？

約翰·戈達德，用自己的經歷演繹了一個真理，那就是安靜下來，聽從內心的指引。如此，才能明確自己的象限，找準自己的座標，才能勾勒出自己清晰的人生軌跡。明確人生的目的地，並爲此不懈努力，才能最終成功抵達。

你聽清楚內心的指引了嗎？

十九世紀，約翰·皮爾彭特從耶魯大學畢業，前途看上去充滿了希望。然而命運似乎有意捉弄他。皮爾彭特對學生是愛心有餘而嚴厲不足，他很快就結束了做教師的職業生涯。但他並沒有因此而灰心，依然信心十足。不久他當了一名律師，準備為維護法律的公正而努力。但他的性格似乎一點都不適合這一職業。他認為當事人是壞人就會推掉找上門來的生意，他認為當事人是好人又會不計報酬地為之奔忙。對於這樣一個人，律師界當然感到難以容忍，皮爾彭特只好再次選擇離去，成了一位紡織品推銷商。然而，他好像並沒有從過去的挫折中吸取教訓。他看不到商場競爭的殘酷，在談判中總讓對手大獲其利，而自己只有吃虧的份。於是，他只好再改行當了牧師。然而，他又因為支持禁酒和反對奴隸制而得罪了教區信徒，被迫辭職……

一八八六年，皮爾彭特去世了。在他八十一年的生命歷程中，他似乎一事無成。但是，你一定聽過這首歌：「衝破大風雪，我們坐在雪橇上，快速奔馳過田野，我們歡笑又唱歌，馬兒鈴兒響叮噹，令人心情多歡暢……」

這首家喻戶曉的兒歌《鈴兒響叮噹》，它的作者正是皮爾彭特。這是他在一個耶誕節前夜作為禮物，為鄰居家的孩子們寫的。因為他有著開朗樂觀的性格、博大無私的胸懷、純潔明淨的內心，所以才能寫出這樣一首充滿愛心和童趣的優秀作品。

由此看來，皮爾彭特之所以做不成稱職的教師、律師和牧師，之所以在這些領域裡一塌糊塗，就在於他的性格不適合這些職業。而他最適合的職業就是作家，可惜他選錯了職業，最後才落得如此結局。

皮爾彭特的故事告訴我們，再貴重的東西如果用錯了地方，也只能是垃圾或廢物。在人生的座標系裡，一個人占到好地盤，比什麼都強。

所以，看看自己的位置錯了沒有？位置站錯了，那麼一開始你就錯了，如果還要繼續錯下去，你可能會永久地在卑微和失意中沉淪。

做自己最擅長的事情，並且勤奮地工作，這是最容易取得成功並實現致富的方法。如果做的還是自己想做的事，那麼不但容易致富，而且致富後還將獲得極大的滿足感。

生命的真正意義在於能夠做自己想做的事情。如果我們總是被迫去做自己不喜歡的事情，永遠不能做自己想做的事情，我們就不可能擁有真正幸福的生活。可以肯定，每一個人都可以並且有能力做自己想做的事，想做某種事情的願望本身就說明我們具備相應的才能或潛質。

分析你的性格，只做適合自己天性的事

現在，我們分析完了自己的優點和缺點，那就請接著思考，我們所努力從事的職業本身是否真的適合我們的天性？很多人之所以像陷入泥潭之中那樣徒勞地掙扎、抱怨，根本原因在於做了自己不擅長的事情。而真正的智者，會安靜下來，只做最適合自己天性的事，無論成敗，他們的內心都是寧靜而歡喜的。

第一步，我們要歸納自己的性格，找到自己最適合做的行業。

我們不可能設想讓一個性格暴躁的人去搞公關、談生意或做服務工作；讓一個性格怯懦、柔弱的人去搞刑偵破案；讓做事大大咧咧、馬馬虎虎的人去當醫生或會計……與自己的性格不相符的職業，帶來的不是收穫與快樂，而是痛苦與墮落。

既然許多人都知道這些道理，爲什麼還會有人入錯行呢？原因主要有兩個：一是對自己不瞭解，二是對職業世界不瞭解。

一個人選擇職業，就像戀愛婚姻一樣，開始的時候可能會爲對方或英俊瀟灑或美麗婀娜的外表所迷惑，一見鍾情，並很快沉醉於熱戀，乃至匆匆結婚。愛情是浪漫的，婚姻卻是現實的。進入現實的婚姻以後，如果對方不是出自自己內心的真正選

擇，那這種婚姻就很難長久地維持下去。

因此，選擇職業時最重要的是能否正確地分析自己。你是什麼樣的性格，你的性格適合從事什麼樣的職業？下面列舉了幾種性格，可以一一對號入座，當然，每個人的性格不完全是「純的」，也可能有兩種或三種的混合，請參考這個分類，歸納自己的性格，找到自己最適合做的行業，然後努力成爲本行業裡的佼佼者。

剛毅型

剛毅性格是剛與毅的結合，具有這種性格的人不僅性格剛強、剛烈，而且還具有堅強持久的意志力。他們的優點是意志堅定、行爲果斷、勇猛頑強、敢於冒險，善於在逆境中頑強拚搏。阻力越大，個人的力量和智慧就越能發揮得淋漓盡致。他們辦事效率高，處理問題果斷潑辣。他們有魄力，敢說別人不敢說的話，敢做別人不敢做的事。遇事通常自己做主，不依賴他人，不迷信權威，喜歡獨立思考、獨立工作。

缺點是易於冒進，權欲重，有野心。這種人常常盛氣凌人、爭強好勝，喜歡爭功而不能忍，爲人霸道，與人共事缺乏謙讓和商量，喜歡自己說了算。

具有這種性格的人適合在政治、軍事等領域發展。他們目標明確，行爲方式積極主動、堅決果斷，故多適應開拓性或決策性的職業，如政治家、社會活動家、行政管理、群眾團體組織者等，不適宜從事機械性的工作和要求細緻的工作。

溫順型

溫順型性格的人逆來順受，隨波逐流，缺乏主見，不能果斷行事，常常因優柔寡斷而痛失良機。但是，這種性格的人又有性情溫和柔順、慈祥善良、親切和藹、不擺架子、處事平和穩重的優點，他們能夠照顧到各個方面，待人仁厚忠恕，有寬容之德。

更重要的是，這種人有豐富的內心世界和敏銳的觀察力，他們在文學藝術的領域常常會如魚得水。同時他們還擅長技能型、服務型工作，如秘書、護士、辦公室職員、翻譯人員、會計師、稅務、社會工作者，或專家型工作，如諮詢人員、幼兒教師等，不適合從事要求能做出迅速、靈活反應的工作。

固執型

固執型的人在思想、道德、飲食、衣著上往往落伍於社會潮流，有保守的傾向。他們比較謹慎，該冒險時不敢冒險，過於固執，死抱住自己認爲正確的東西，不肯向對方低頭，不善於變通。他們有些惰性，不夠靈活，而且不善於轉移注意力。

但這種人又有立場堅定、直言敢說、倔強執著的優點。他們行得端、坐得正，為人正統，他們做事踏實、穩重，興趣持久而專注，他們善於忍耐，沉默寡言，情緒不輕易外露，他們具有較強的自我克制能力。

固執性格的人擅長獨立和負有職責的工作，他們長於理性思考，辦事踏實穩重，興趣持久而專注。他們特別適合科研、技術、財務等工作，不適合做需與人打交道、變化多端的工作。

韜略型

韜略性格的人適合去做一些挑戰性的工作，卻不適合從事細緻單調，環境過於安靜的職業。這種人機智多謀而又深藏不露，思維縝密。心中城府深如丘壑，善於權變，反應也快，能夠自制自律，臨危而不懼，臨陣而不亂。缺點是詭智多變，因而不容易控制。

有這種性格的人，他們在緊張和危險的情況下能很好地執行任務，他們適宜從事具有關鍵作用和推動作用的工作。典型的職業有政府官員、企業領導、行政人員、管理人員、新聞工作等。不宜選派這種人掌管財務、後勤供應等事。而且這種人往往表面謙虛，實際上不會吃啞巴虧，詭計多端，會算計。他們有野心，不甘居人後，更不願寄人籬下。

開朗型

這種人交遊廣闊，待人熱情，生性活潑好動，出手闊綽大方，處世圓滑，能贏得各方朋友的好感和信任。他們善於揣摩人的心思而投其所好，長於與各方面的人打交道，常混跡於各種場合而能左右逢源，善於打通各方面的關節，適合做銷售和公關工作。反應靈敏，善於與人交往，人緣好，處理起人際關係來得心應手，不容易得罪別人。

缺點是廣交朋友而不加區分，悉數收羅。對朋友常講義氣，而往往原則性不強，很難站在公正的立場上看待事情的是非曲直，不適宜做原則性強的工作。

開朗性格的人比較適宜從事商業貿易、文體、新聞、服務等職業，演藝、新聞、保險、服務以及其他同人群交往多的職業能夠充分發揮出他們的性格優勢。但不適宜做與物打交道的技術性或操作性工作。

勇敢型

具有這種性格的人敢作敢當，富於冒險精神，意氣風發，勇敢果斷，有臨危不懼的勇氣。對自己衷心佩服的人能言聽計從，忠心耿耿。適應能力強，在新的環境中能應付自如，反應迅速而靈活。

缺點是對人不對事，服人不服法，全憑性情做事。只要是自己的朋友，於己有恩，不管他犯了什麼錯誤，都盲目地給予幫助。

在員警、企業家、領導者、消防員、軍人、保安、檢察官、救生員、潛水夫等職業領域，有這種性格的人將會如魚得水。但這種性格卻不適宜從事服務、科研、財務等要求細緻的工作。

謹慎型

你若是一個謹慎型性格的人，你一定會受到這樣一些責備：你疑心太重、顧慮重重；你缺少決斷，不敢承擔責任；你謹小慎微，一而再、再而三地錯失機會；你缺少膽量，不敢開拓創新……不錯，謹慎型性格的人的確有上述缺點，但是，千萬不要忘記，謹慎性格的人是世界上最精細、最理性的人。他們做起事來一絲不苟、小心謹慎；他們為人謙虛、思維縝密；他們講究章法、井井有條；他們考慮問題既全面又深入……

他們適合做辦公室和後勤等突變性少的工作。喜歡有規則的具體勞動和需要基本操作技能的工作，但缺乏開拓創新能力，不適宜從事要求大刀闊斧的職業。典型的職業有高級管理者、秘書、參謀、會計、銀行職員、法官、統計、研究人員、行政和檔案管理。

狂放型

這種人行爲狂放，桀驁不馴，自負自傲，爲人豪放、豪爽，不拘小節，不阿諛奉承，常常憑藉本性辦事，做事好衝動，好跟著感覺走。因而對很多事情都看不慣，難以在實際工作中取得卓越成就。

他們一般具有想像力強、衝動、情緒化、理想化、有創意、不重實際等性格特徵。適合在需要運用感情和想像力的領域裡工作，但不擅長於事務性的職業。一個有狂放、衝動性格的人，如果有自知之明，就千萬別往仕途上擠，免得身敗名裂。

這些人喜歡表現自己的愛好和個性，喜歡根據自己的感情來做出抉擇，喜歡通過自己的工作來表達自己的理想。典型職業有創造型工作，如演員、詩人、音樂家、劇作家、畫家、導演、攝影師、作曲家，或者是創意型工作，如策劃、設計等。最不適合他們的職業則莫過於從政和經商。

沉穩型

這種人內心沉靜、沉穩，沉得住氣，辦事不聲不響。工作作風細緻入微，認真勤懇，有鍥而不捨的鑽研精神，因此往往能成爲某一個領域的專家和能手。他們感情細膩，做事小心謹慎，善於察覺到別人觀察不到的微小細節。他們喜歡探索和分析自己的內心世界，一般來說，性格略爲孤僻，容易過分地全神貫注於自己的內心體驗。

在別人看來，他可能顯得冷漠寡言，不喜歡社交。缺點是行動不夠敏捷，凡事三思而後行，容易錯過生活中擦肩而過的機會。興趣不夠廣泛，除自己感興趣的事外，不大關心身邊的事物。適應能力較差，易然體驗深刻，但反應速度慢，相對刻板而不靈活。

這種人喜歡按照一個機械的、別人安排好的計畫和進度辦事，愛好重複的、有計劃的、有標準的工作。適合從事穩定的、不需與人過多交往的技能性或技術性職業。典型的職業有醫生、印刷校對、裝配工、工程師、播音員、出納、機械師及教師、研究人員等。不適合做富於變化和挑戰性大的工作。

耿直型

這種人胸懷坦蕩，性情質樸敦厚，沒有心機，有質樸無私的優點。情感反應比較強烈和豐富，行爲方式帶有濃厚的情緒色彩。他們富有冒險精神，反應靈敏。他們常常被認爲是喜歡生活在危險邊緣，尋找刺激的人。

缺點是過於坦白真誠，爲人處事大大咧咧，心中藏不住事，口沒遮攔，有什麼說什麼，顯山露水，城府不深。做事往往毛手毛腳、馬馬虎虎、風風火火。而因直爽造成的人際關係方面的損失就更不必推算了。同時，因性情耿直、脾氣暴躁、不善變通，有時會一味蠻幹，不聽勸阻，該說的說，不該說的也說，常常會給自己招來麻煩。

具有這種性格的人適合從事具有冒險性、探索性或獨立性比較強的職業，比如演員、運動員、航海、航太、科學考察、野外勘測、文學藝術等。但不適宜從事政治、軍事等原則性強、保密性強的職業。

第二步，我們不要爲自己的性格去煩惱，而是應該努力讓我們所從事的職業適應性格。

當你的性格與職業相衝突時，你想改變的是你的職業還是性格？

生活中幾乎人人都懂得絕不能削足適履這一道理，然而，爲了職業而改變性格的人卻比比皆是。

職業這雙鞋，難道就真的需要用改變性格的巨大代價來適應嗎？這是典型的本末倒置。

十九世紀末，一個男孩降生於布拉格一個貧窮的猶太人家裡。隨著男孩一天天長大，人們發現他雖生為男兒身，卻沒有半點男子漢氣概。他的性格十分內向、懦弱，也非常敏感多慮，老是覺得周圍的環境都在對他產生壓迫和威脅。防範和躲避的心理在他心中可謂根深蒂固、不可救藥。

男孩的父親竭力想把他培養成一個標準的男子漢。希望他具有風風火火、寧折不屈、剛毅勇敢的性格特徵。在父親那粗暴、嚴厲卻又很自負的斯巴達似的培養下，他的性格不但沒有變得剛烈勇敢，反而更加的懦弱自卑，並從根本上喪失了自信心。以至於生活中每一個細節，每一件小事，對他都是一個不大不小的災難。

他在惶惑痛苦中長大，他整天都在察言觀色。常獨自躲在角落處悄悄咀嚼受到傷害的痛苦，小心翼翼地猜度著又會有什麼樣的傷害落到他的身上。看他那樣子，簡直就沒出息到了極點。這樣的孩子，實在太沒有出息了。你能夠讓他去當兵，去衝鋒陷陣，去做元帥嗎？不可能，部隊還沒有開拔，他也許就已當逃兵了。讓他去從政吧！依靠他的智慧、勇氣和決斷力，從各種紛雜勢力的矛盾衝突中尋找出一種平衡妥當的解決方法，那更是可望而不可及的幻想。他也做不了律師，懦弱內向的他怎麼可能在法庭上像鬥雞似地豎起雄冠來呢？做醫生則會因太多的猶豫顧慮而不能果斷行事，那只會使很多的生命在他的猶豫延宕中遺恨終身。看來，懦弱、內向的性格，確實是一場人生的悲劇，即使想要改變也改變不了。因為他的父親已做過努力了。

然而，你能想像這個男孩後來的命運嗎？這個男孩後來成了世界上最偉大的文學家，他在文學創作的領域裡縱橫馳騁。在這個他為自己營造的藝術王國中，在這個精神家園裡，他的懦弱、悲觀、消極等弱點，反倒使他對世界、生活、人生、命運，有了更尖銳、敏感、深刻的認識。他以自己在生活中受到的壓抑、苦悶為題材，開創了一個文學史上全新的藝術流派——意識流。他在作品中把荒誕的世界、扭曲的觀念、變形的人格，重新給我們解剖了一次，使我們對現代文明這種超級怪物，有了更深刻的認識，對人生和命運有了更沉重的反省。他給我們留下了許多不朽的文學巨著，例如，《變形記》、《城堡》、《審判》……

他就是卡夫卡。

爲什麼會這樣呢？原因很簡單，性格內向、懦弱的人，他們的內心世界一定很豐富，他們能敏銳地感受到別人感受不到的東西。他們是外部世界的懦夫，卻是精神世界的國王。這種性格的人如果選擇了做軍人、政客、律師，那麼，他就選擇了做懦夫；如果他選擇了精神的領域，那麼，他就選擇了做國王。卡夫卡正是選擇了後者。

所以，每一種性格，都有它無可比擬的價值。千萬不要爲自己的性格煩惱。更不要去毀壞。你所要做的就是發現它的價值。

「走自己的路，但也要聽別人怎麼說」

但丁的一句「走自己的路讓別人說去吧」，在年輕人中掀起了一股叛逆的狂潮，於是，很多人在做事的時候不顧及別人的感受，只以自己的想法爲準。人們很快給這種想法和行爲下了一個定義：個人主義。

美國是最講究個人主義的國家。但是，這種對於自我的追求並沒有在這個發達的國家產生多少過激的行爲，人們的表現還是相對冷靜的。因爲，在美國人看來，個人主義的背後還隱藏著一種氛圍，那就是：人們雖然可以獨立地生活，但是不能只爲了自己生活。

人是一種社會性動物，雖然未必是「群居」，但是每個人都不可避免地會發生一些社會關係。我們每個人都不是一個孤立的個體，都與別人有著一定的聯繫。這就要求我們在做事情的時候要顧及別人的感受，不能一意孤行。特別是當自己的思想還不夠成熟的時候，一定要能聽得進去別人的意見和勸告，否則，我們就可能會因爲盲目相信自己而吃苦頭。

可能很多年輕人會覺得，沒有人真正瞭解我，只有我自己最清楚我想要的是什麼，沒有人能夠完全站在我的角度想問題，所以我沒有必要讓別人的觀點來影響我的判斷力。特別是一些取得了些許成績的年輕人，當別人向他提出異議的時候，他往往會說：「我就是這樣做事情的。」要是有人給他提出了一個比較好的處理事情的方法，他也會一口回絕：「這個方法我已經嘗試過了。」

這種拒人於千里之外的行爲，往往包含了一種自以爲是的傾向。這樣的思想傾向是非常不利於個人發展的，它常常會帶來惰性、自滿、不思進取等心理，阻礙我們的進步。如果這樣的想法出現在企業裡，更是發展的障礙。

美國航太工業鉅子休斯公司的副總裁艾登・科林斯曾經評價史蒂夫說：「我們就像小雜貨店的店主，一年到頭拚命幹，才攢那麼一點財富。而他幾乎在一夜之間就趕上了。」

史蒂夫廿二歲就開始創業，從赤手空拳打天下，到擁有兩億多美元的財富，他僅僅用了四年時間。不能不說史蒂夫是一個有創業天賦的人。然而史蒂夫卻因為從來都獨來獨往，拒絕與人團結合作而吃盡了苦頭。

他驕傲、粗暴，瞧不起手下的員工，像一個國王高高在上，他手下的員工都像躲避瘟疫一樣躲避他，很多員工都不敢和他同乘一部電梯，因為他們害怕還沒有出電梯就已經被史蒂夫炒魷魚了。

就連他親自聘請的高級主管——優秀的經理人，原百事可樂公司飲料部總經理斯．卡利都公然宣稱：「蘋果公司如果有史蒂夫在，我就無法執行任務。」

對於二人勢同水火的形式，董事會必須在他們之間決定取捨。當然，他們選擇的是善於團結員工和員工擰成繩的斯．卡利，而史蒂夫則被解除了全部的領導權，只保留董事長一職。對於蘋果公司而言，史蒂夫確實是一個大功臣，是一個才華橫溢的人才，如果他能和手下的員工們團結一心的話，相信蘋果公司是戰無不勝的，可是他卻選擇了孤立獨行，這樣他就成了公司發展的阻力，才華越大，對公司的負面影響就越大。所以，即使是史蒂夫這樣出類拔萃的老員工，如果沒有團隊精神，公司也只好忍痛捨棄。

這個講究共贏的時代裡，「沒有完美的個人，只有完美的團隊」，這一觀點已被越來越多的人所認可。每個人的精力、資源有限，只有在協作的情況下才能達到資源分享。

單打獨鬥的年代已經一去不復返，只有虛心接受別人的意見並且懂得與別人合作的人才能成就自己，並因此而獲得雙贏。所以，前進途中，不要只顧走自己的路，我們也要聽聽別人怎麼說。

小心謹慎的人，不願意開闢自己的道路，他們以爲跟在別人的後面才是最安全的，可是安全的背後是沒有多大的發展空間的；善於模仿的人，以爲演繹別人的特色才是自己最擅長的，可是這個世界不需要兩個完全相同的人，所以只模仿而不懂得超越就等於放棄了自身的發展……倘若我們的發展思路被禁錮了，那麼從此刻開始，轉換我們的思路吧，這樣我們才能獲得更加廣闊的發展空間。

輸在模仿，贏在創造

當你在某個競爭領域成為領軍人物的時候，要想以單一的方式保護自己已經擁有的地位是不可能的。因爲你的對手時刻都不會放棄對你的學習和模仿。不管是在什麼領域裡，只要你有最佳方案推出，他們一定會迫不及待地模仿，而且他們完全有能力收到和你相同的效果。

這聽起來好像很無奈，好像這個世界找不到出路，前途渺茫，沒有辦法再實現自己的人生價值。這種悲觀情緒一旦形成，就可能給我們增添許多壓力，阻礙我們前進的腳步。其實，發生這樣的事情，你完全可以換個角度來想，你能夠被模仿，是別人在肯定你的價值，沒有人會對一個沒有價值的方案感興趣。而一直在被模仿的競爭中，這種環境將不斷地激勵你，使你奮發圖強，勇敢地超越自己、突破自己。面對當前激烈的競爭，我們能夠做的，只能是敢想、敢做、敢突破。

路在何方？答案只有一個，那就是創新。雖然影響市場競爭的因素很多，但是只有創新才能在日益激烈的競爭中開闢出屬於自己的道路。在企業裡，總是有一些人喜歡人云亦云，別人說過的話，他再重複，還是會說得津津有味；別人做過的事情，他也不假思索地模仿，從來不去用心找尋一條屬於自己的路。這種人被人們賦予了一個形象的名字——鸚鵡人。

這些企業之中的鸚鵡人，雖然一直熱衷於模仿，甚至可能會將別人的最佳方法學得維妙維肖，但是在這個講求個性的時代裡，這類人並不受企業的歡迎。

我們並不排斥學習別人，能夠學習別人的優點，這是好事。但是要在學習的基礎上走出自己的路。任何領域裡，模仿得再像，也無法超越真品的價值，贗品雖然也能夠讓人賞心悅目，但是永遠也達不到真品的價值。

一個人若總是熱衷於模仿，就會失去自己的風格，這樣他永遠也無法擁有只屬於自己的獨一無二的特性。但是創新也不是一件輕而易舉的事情。我們每個人可能都有這樣的習慣，自己不願意思考，總是希望別人有現成的東西供我們借鑒和使用。用了別人的方法解決了問題，卻不去思考別人的方法是怎樣得來的，也不及時地總結學習經驗。時間久了，我們就失去了創新的積極性。

雖然走出一條創新的道路有點難，但是它並不是一座不可跨越的山峰。只要你將眼光投放在遠處，不要只將注意力放在自家後院，而是注意到別人庭院裡的風景，並將他們的別致之處與自己的相結合，你就可以走出屬於自己的獨特道路。

一百次努力，不如一次正確的選擇

從小到大，我們已經掌握了許多關於勤奮的格言，以至於勤奮幾乎成了我們眼中唯一不變的成功法則和真理。但是也許你總會遇到這樣的情況：工作經常加班加點，但是沒有得到升遷的機會；付出的總比別人多，卻沒有比看起來更輕鬆的人富有；累死累活卻得不到眾人的肯定……這些事實的存在說明你過分迷信勤奮的作用，而忽略了勤奮和努力的一個必要前提，那就是要做出正確的選擇。

有一位美國青年無意間發現了一份能將清水變成汽油的廣告。

這位美國青年喜歡搞研究，滿腦子都是稀奇古怪的想法，他渴望有一天成為舉世矚目的發明家，讓全世界的人都享用他的發明成果。

所以，當他看到水變汽油的廣告後，馬上買來了資料，把自己關在屋子裡，不接待任何客人，一切與外界的聯繫都被他切斷了。他需要絕對的安靜，需要絕對的專心，直到這項偉大的發明成功。

青年夜以繼日地研究，達到了廢寢忘食的程度。每次吃飯的時候，都是母親從門縫裡把飯塞進來，他不准母親進來打擾他。他常常是兩頓飯合成一頓吃，很多時候把黑夜當做黎明。善良的母親看見兒子越來越瘦，終於忍不住了，趁兒子上廁所的時候，溜進他的臥室，看了他的研究資料。母親還以為兒子的研究有多偉大，原來是研究水如何變成汽油，這根本是不可能的事情。

母親不想眼睜睜地看著兒子陷入荒唐的泥淖無法自拔，勸兒子說：「你要做的事情根本不符合自然規律，別再瞎忙了。」可這位青年壓根兒就不聽，他頭一昂，回答說：「只要堅持下去，我相信總會成功的。」

五年過去了，十年過去了，二十年過去了……轉眼間，那位青年已白髮蒼蒼，父母死了，沒有工作，他只能靠政府的救濟勉強度日。可是他的內心卻非常充實，屢敗屢戰，屢戰屢敗。一天，多年不見的好友來看他，無意間看到了他的研究計畫，驚愕地說：「原來是你！幾十年前，我因為無聊貼了一份水變汽油的假廣告。後來，有一個人向我郵購所謂的資料，原來那個人就是你！」

他聽完這一番話，頓時呆住了。

我們一直以爲堅持就是好的，而放棄就是消極的思想。其實堅持代表一種頑強的毅力，它就像不斷給汽車提供前進動力的發動機。但是，前進需要正確的方向，如果方向不對，只會離目標越來越遠，這時，只有先放棄，等找準方向再重新努力才是明智之舉。這就是水變汽油的悲劇帶給我們的啓示。

每個人都希望自己能夠成功，特別是有了一些成就和地位的人，對於成功的渴望更加迫切。可是，正是因爲非常渴望成功，人們往往只注意腳下的路，而忘記停下來分辨方向。所以在生活中，有很多人明明離成功已經很近了，但是他一直在做反方向的努力，所以註定了他離當初的目的地越來越遠。

「南轅北轍」的故事影響了一代又一代的人，人生的悲劇不是無法實現自己的目標，而是不知道自己的目標是什麼。成功不在於你身在何處，而在於你朝著哪個方向走，能否堅持下去。沒有正確的目標，就永遠無法到達成功的彼岸。

在工作中，不少忙碌的人就像走入了霧氣瀰漫的森林，拚命地想縮短與林外目的地的距離，卻因失去了方向感而越走越遠，越來越往森林的最深處摸進。

高爾夫球教練總是教導學員說，方向比距離更重要。因爲打高爾夫球需要頭腦和全身器官的整體協調，所以每次擊球之前，選手都需要觀察和思考，需要靠手、臂、腰、腿、腳、眼睛等各部位的有效配合進行擊球。而擊球的關鍵則在於兩個「D」，即方向（Direction）和距離（Distance）。初學者中有不少人只想著把球打遠，而忽視方向的重要性，其實，方向要比打遠更重要！

人生就像打高爾夫球，如果方向對了，即使走得慢也能一步一步接近成功，可是如果方向錯了，不僅白忙一場，還可能離成功越來越遠。既然方向對於我們如此重要，那麼如何尋找人生的方向就成了我們必須面對的難題。

怎樣才能找到適合自己的人生方向呢？

‧讓心靈指引方向

在你做事情的時候，身邊可能有很多人給你提出意見。這些意見是多種多樣的，讓你一時之間迷失了方向。其實，每一個給你提出意見的人，都是帶有一定的自我心理傾向的，他會在不自覺中想要將他的想法強加給你，或者對你有一定的精神依託。

這個世界上，不會有比你更瞭解自己的人，所以在尋找人生方向的時候，一定要首先考慮自己喜歡的是什麼。只有喜歡，才能有激情，才能在追求理想的過程中感受到幸福和快樂，而不是一想到自己將做什麼事情，心裡就非常抵觸，感覺頭痛。

鋼琴家郎朗，剛開始彈琴時，家裡人並不支持，甚至還有些反對，但是他一直在堅持自己的觀點，要彈琴，一定要在音樂的領域裡實現自己的人生價值。經過多方努力，家人終於不再阻止他，他也成功地走上了世界的大舞台。

選擇方向，總會有許多的岔路口，但是不管處境有多麼困難，我們都要注意傾聽自己內心的聲音，讓心靈爲自己的人生導航。

・策劃人生方向要具體

很多人在規劃人生的時候，容易犯「空」、「大」的毛病。可能我們在想：我想買一座大房子，我想買車，我想開一家自己的公司……但是我們很少想爲了實現這樣的人生目標，具體應該怎麼做。

人生策劃必須是明確的、清晰的、具體的，還要具有一定的可行性。如果你單單說，我想出人頭地，那麼是在哪一方面出人頭地？怎樣的程度才算是你心中出人頭地的標準？這些我們必須要想清楚。

・人生定位要適當

人人都有欲望，都想過美滿幸福的生活，都希望豐衣足食，這是人之常情。但是，如果把這種欲望變成不正當的欲求，變成無止境的貪婪，那我們就在無形中成了欲望的奴隸了。

在欲望的支配下，我們不得不為了權力、為了地位、為了金錢而削尖了腦袋向裡鑽。我們常常感到自己非常累，但是仍覺得不滿足，因為在我們看來，很多人的生活比自己更富足，很多人的權力比自己大。所以，我們別無出路，只能硬著頭皮繼續往前衝，在無奈中透支著體力、精力與生命。

所以，我們在進行人生定位時，一定要量力而為，找到最適合自己的，而不是任由欲望支配，始終活在無法實現理想的痛苦裡。

「股神」巴菲特說過：「在你能力所及的範圍內投資，關鍵不是範圍的大小，而是正確認識自己。」所以，想要找準人生方向，就必須先瞭解自己。

‧反方向游的魚也能成功

人一旦形成了某種認知，就會習慣性地順著這種定式思維去思考問題，習慣性地按老辦法來處理問題，不願也不會轉個方向解決問題，這是很多人都有的一種愚頑的「難治之症」。這種人的共同特點是習慣於守舊、迷信盲從，所思所行都是唯上、唯書、唯經驗，不敢越雷池一步。而要使問題真正得以解決，就要改變這種認知，將大腦「反轉」過來。

一八二〇年，丹麥哥本哈根大學物理教授奧斯特，通過多次實驗證實存在電流的磁效應。這一發現傳到歐洲後，吸引了許多人參加電磁學的研究。英國物理學家法拉第懷著極大的興趣重複了奧斯特的實驗。果然，只要導線通上電流，導線附近的磁鍼立即會發生偏轉，他深深地被這種奇異現象所吸引。當時，德國古典哲學中的辯證思想已傳入英國，法拉第受其影響，認為電和磁之間必然存在聯繫，並且能相互轉化。他想既然電能產生磁場，那麼磁場也能產生電。

為了使這種設想能夠實現，他從一八二一年開始做磁產生電的實驗。幾次實驗都失敗了，但他堅信，從反向思考問題的方法是正確的，並繼續堅持這一思維方式。

十年後，法拉第設計了一種新的實驗，他把一塊條形磁鐵插入一個纏著導線的空心圓筒裡，結果導線兩端連接的電流計上的指針發生了微弱的轉動，電流產生了！隨後，他又完成了各種各樣的實驗，如兩個線圈相對運動，磁場作用力的變化同樣也能產生電流。

法拉第十年不懈的努力並沒有白費，一八三一年他提出了著名的電磁感應定律，並根據這一定律發明了世界上第一台發電裝置。

如今，他的定律正深刻地改變著我們的生活。法拉第成功地發現了電磁感應定律，是對人們通過反方向思考取得成功的一次有力證明。

在生活中，我們總是習慣跟在別人的身後跑，不管前方的道路是否適合我們發展，我們都喜歡一味地向前衝。這種思想無疑是受到了傳統的從眾思想與保守思想的影響。我們總是習慣於向前，可是人生的方向並不是單一的，也不是只有前方才能找到人生的突破口。在面對困難的時候，如果一直堅持向前，卻找不到更好的出路，不妨換個方向，向後看看。

不要以爲機會總在前方等著我們，有時候，恰恰是我們最固執的時候，它跑到了我們的身後，輕輕地拍了拍我們的肩膀。

7章

用正向思考者的特質演繹自己的人生

所謂正向思考，就是在人們遇到困難或挫折時，
可以為我們帶來強大的積極力量，使我們的心靈變得堅韌，充滿彈性，
能夠接受一切困境，並企圖找到方法改變現狀。
可以說，正向思考駕馭了我們的成功、快樂和幸福。

刪除自己的「負面腳本」

一九五一年，為了研究DNA的具體結構，英國女科學家羅莎琳德．佛蘭克林一直在努力完善X射線圖像。一九五二年五月，她終於得到了最為重要的一個X射線衍射圖片，她發現DNA呈現出了兩種結構，一種是雙螺旋結構，一種是三條鏈結構。但是得到這個結果之後，佛蘭克林就再也沒有獲取資料來證明DNA的具體結構，也沒有做出有關於此的任何假說，於是佛蘭克林暫時擱置了自己的DNA研究。

後來，沃森見到了佛蘭克林拍攝的DNA照片副本。一看到照片，沃森激動不已，通過照片，他一下子恍然大悟，他想到，只有螺旋結構，才會呈現出那種醒目的交叉型的黑色反射線條。於是，沃森立刻寫下結論，認定DNA是雙螺旋結構。接著，他與克里克共同提出了DNA的雙螺旋假說。一九六二年，沃森與克里克因為DNA結構的提出，獲得了諾貝爾醫學獎。

負向思考的阻撓力就是這樣巨大。佛蘭克林能夠最終獲得重要的X射線衍射圖片，源於她長久的正向思考的支持，但是一個負向思考就讓她的研究徹底中斷，自行埋沒了自己的偉大發現。相比於佛蘭克林，沃森和克里克無疑是幸運的，因爲他們的發現是如此簡單而輕易，而這正是正向思考帶給他們的結果。如果佛蘭克林能夠多一份堅持，多做一些積極的嘗試，也許獲獎的就會是她。

「人無完人，金無足赤」。任何人都有缺點，任何人也都有可能存在負面腳本，自我完善的過程就是一個不斷清除負面腳本的過程，負面腳本清除得越多，我們的人生也就更加完美。

我們每一個人的身上都會存在負面思維，這也是爲什麼我們總是無法達到完美自我的原因。

舉個最簡單的例子，如果在一早上班時沒有準時趕上公車，也許就會有不少人抱怨：今天怎麼這麼倒楣？爲什麼我這麼晚才到，爲什麼公車不能晚走一會兒？負向思考時常就會這樣跳出來爲我們製造麻煩，如果這種負面思考經常出現，就會使我們漸漸形成一種負面的思維。

負面思維給人們帶來的危害是巨大的，它的具體表現主要是：

第一，信念變薄弱。負面思維使人們意志力薄弱，抱著得過且過的生活態度，不求上進，容易被挫折和磨難壓倒，或在順風順水時迷失自己。

第二，目標變模糊。負面思維使人們變得目光短淺，做事沒有計劃，走一步算一步，常常摸著石頭過河。

第三，境界降低。負面思維使人們只想到索取，不願爲別人付出，以自我爲中心，把自己放在第一位，只想改變別人，不想改變自己，容易仇恨、敵視別人。

第四，決斷力低。負面思維使人決定能力降低，變得優柔寡斷，不敢邁出決定性的一步。容易猶猶豫豫，擔心，恐懼，徘徊不前，不敢下決心，總是處於等候狀態。

第五，生活失去熱情。負面思維使人們變得冷漠，清高，不願與人合作，害怕別人比自己強。

第六，解決問題態度消極。遇到問題時常抱怨、指責、批評、推卸責任。出現不良生活習慣。做事不講效率，舉止懶散，不修邊幅，經常評說是非。

第七，思想保守。循規蹈矩，故步自封，不敢越雷池半步。

第八，行爲消極。怕苦怕累，主觀上無法接受挫折和失敗，遇到困難就後退，認爲任何事都很難成功。

如果這種負面思維占了上風，人們就很容易在遭遇挫折或是不愉快的事物時感到無助和失望，開始消極怠工，抱怨自己所處的環境，責怪他人，認爲自己沒有扭轉局面的能力，從而使自己深陷於消極的生活狀態，甚至無法自拔。

那麼，我們應該如何分清正向思考與負向思考呢？

正向思考也稱正面思考或是積極思考，是指以積極、正向的心態看待所處的種種狀況。反之，負向思考是指以消極、負向的心態看待所處的種種情況。說到正向思考，人們通常會將其與一切具有積極意義的詞語聯繫在一起，而將負向思考同一切消極意義的詞語相等同。其中最容易被人們混淆的就是：悲觀與樂觀。

樂觀就是正向思考，悲觀就是負向思考，很多人都會很自然地將它們如此歸類。粗略看來，這樣的劃分好像並沒有什麼問題，但是實際上，這卻是一種錯誤的劃分。樂觀的生活態度固然是一種正向思考的結果，但是樂觀也有可能造成負面結果，那就是樂觀過度，正所謂樂極生悲，過猶不及。同樣，悲觀也是如此。可見過度樂觀和過於悲觀都會導致問題嚴重化，都是一種負向思考。

正向思考與負向思考的區別是結果的正確與錯誤。只要一種思考可以使結果朝向好的方向發展，那麼就是正向思考。悲觀者也可以是正向思考者，他們也可能取得成功、抗擊挫折，只要他們擁有解決問題的決心和方法，就一樣可以使結果朝好的方向發展。有些悲觀者往往還擁有更強的憂患意識，這一點在順境中更容易體現，他們會想到最壞的情況，但是卻會向最好處努力，從而始終保持良好的狀態，因此這樣的悲觀者擁有的也同樣是正向思維。

但是不可否認的是，一個性格樂觀的人容易做出正面思考，而一個性格悲觀的人則容易做出負向思考。

《哈佛商業評論》上曾指出：「越來越多的實證顯示，不論是兒童、集中營的倖存者，或是東山再起的經營者，正面思考的復原力是可以學習的。」任何一個人都具備正向思考的能力，即便是一個思維負面化的人，經過訓練也能學會正向思考。這種訓練的本質其實就是在思考路徑中加入兩個重要的步驟，即反駁和激勵。經由這樣的刺激和反抗，負面思想才會逐漸向正面轉化。

反駁是指對負面腳本、負面決策進行反駁，而激勵是指強化反駁的能量，加深反駁的方向。如果你發現自己的思想中出現了負面的東西，就可以借由這兩個步驟來改變自己的思路方向，經過練習使負面抱怨轉化爲正面感激，提高正向能量。

在日常生活中我們可以通過以下幾個步驟來踢出自己的「負面腳本」。

・**即時反駁自己的負向思考**：以趕公車遲到爲例，如果你的大腦正在作負向思考，就會發出一系列負面信號，這時你就要對這些負面信號進行反駁，提醒自己必須積極起來，然後去想還有其他的解決辦法，如是否可以改坐計程車等。

・**即時激勵自己**：當你通過反駁截止了負面思考的蔓延，你還要爲這種反駁提供持續的力量，這就是激勵，朝著積極的方向思考，你的正向思路就會更堅實。

・**意識到不良意志和品質的危害**：懶惰、拖延、盲從、怯懦、衝動和優柔寡斷等都是失敗的禍根，也是形成負面腳本的根源，我們必須認識到這些因素的害處，並及時改正它們。

・**反覆練習**：從戰勝一次負向思考開始，用結果驗證思想，進行反覆練習，只要有負面思考出現，無論大事小事，都要認真對待。通過不斷地練習，使自己形成正向思維。

・**坦然接受不能改變的**：現實中缺陷總會存在，一帆風順和完美無缺的人生幾乎不存在，坦然接受生活中的缺陷，不要躲避、不要僥倖逃離。

・**勇敢迎接挫折**：直面挫折或是失敗，從中發現自己的不足和缺點，並抱著積極的心態尋找解決的辦法。

・**相信自己的價值**：不過分苛求自己，不在無意義的事物上過於花費時間，找到自己的方向，並堅持不懈地走下去。

・**提高解決問題的能力**：任何事情都有解決的方法，努力通過運用逆向思維、發散思維等提高自己解決問題的能力。

正向思考者所具備的特質

對我們來說，正向思考是一種強大的力量。它不僅能夠讓我們的心智變得堅定、積極，而且直接作用於我們的身體，使我們獲得心靈、身體的雙重支持。

經科學家研究證明，正向思考的神經系統所分泌的神經傳導物質具有促進細胞生長發育的作用。因爲人體的神經系統與免疫系統相互關聯，所以在人們展開正向思考時，身體的免疫細胞也會同樣變得活躍起來，並繼續分化出更多的免疫細胞，使人體的免疫力增強。所以一個積極面對生活、對身邊一切經常採取正面思考的人，更不容易生病，也更容易獲得長壽、健康的人生。

另外研究學者寇菲也指出：人們在挫折面前，有超過九成的人會有退縮、攻擊、固執、壓抑等反應，而善於運用正向思考的人會有這些反應的比率則低於一成。

美國心理學家馬丁·塞利格曼也曾對修女做過一項關於快樂和長壽的研究。被納入研究範圍的一百八十位修女幾乎都過著有規律的與世隔絕的生活，不喝酒也不抽煙，幾乎吃著同樣的食物，都有相似的婚姻和生育歷史，都沒有被傳染過性病，社會地位以及享受到的醫療照顧也基本相同，但是這些修女的壽命和健康狀況差別仍然很大。其中有人年紀接近百歲仍然身體健康，而有人則在年過半百時就患病而終。

後來塞利格曼專家發現，那些壽命較長的修女總是擁有著快樂、積極的生活態度。一位九十八歲的修女曾在她的自傳中寫道：「上帝賜給我無價的美德使我起步容易。過去一年在聖母修道院的日子非常愉快，我很開心地期待正式成為修道院的一員，開始與慈愛天主結合的新生活。」

這位修女的健康與長壽很大程度上得益於她樂觀的心態。

可見，正向思考帶給我們的力量是由心至身的，也是巨大的、不可替代的。它帶給我們無限向上的力量，讓我們即使面對逆境也能保持樂觀、積極的心態，不會因為遭遇困難而怨天尤人、一蹶不振，更不會鬱悶成疾，它是可以經由我們自行製造的健康保護傘和心理調節器。

一帆風順的人生少之又少，我們時常會面對人生的起伏跌宕，挫折、煩惱、傷害、磨難也許會毫無預兆地闖進我們的生活，使人生變得不再美好、順暢，甚至一度變得灰暗、毫無生氣。但是只要我們積極調動自己的思想，發揮正向思考的作用，就能驅走一切陰霾，擁有快樂、美好的人生。

女孩因為一條項鍊丟掉了快樂、丟失了健康，是因為她埋沒了正向思考的力量。消極的思考只會加速美好事物的損失，而唯有正向的、積極的思考才具有吸引美好事物的獨特力量。也許人生中的困難帶給你的並不僅僅是丟掉一條項鍊那樣簡單的悲傷，有時甚至會壓得你喘不過氣，但是請記住，不論你失去了什麼，你都不會失去可以正向思考的思維。只要你積極調動它，它就能驅趕一切負面因素，幫助你抵達快樂、成功的彼岸。

一天，美國前總統羅斯福的家中失竊，損失了很多錢財。一位朋友得到消息後立刻給羅斯福寫了一封信，希望可以安慰他一下。不久，這位朋友就收到了羅斯福的回信，信中寫道：

「親愛的朋友，非常感謝你來信安慰我，我現在很平安，請你放心，而且我還要感謝上帝。首先，小偷偷去的是我的東西，但是沒有傷害到我的生命；其次，小偷只偷去了我家的一部分東西，而不是所有；再次，最讓我值得高興的是，做小偷的是他，而不是我。」

這是一個廣為流傳的故事，羅斯福所列舉出的三條感謝上帝的理由，充分顯示了他作爲正向思考者的特質。這種特質也成爲他深受美國民眾和世界人民尊敬的原因之一。或許誰都不曾想到，這樣一位曾在美國政壇連任四屆總統，並對聯合國的建立做出過突出貢獻的政界「奇才」，竟然會是一個從小患有小兒麻痺症的人。羅斯福的一生都閃耀著奪目的光彩，這得益於他的聰慧與勤奮，更得益於他所具備的正向思考特質，正是這種正向思考特質使他充分發揮出了生命的力量，成爲美國歷史上最偉大的總統之一。

可以說，善於正向思考的人更容易獲得成功的垂青，因爲這些正向思考者身上有著一種獨一無二的特質，能夠吸引美好事物的到來。因此，我們瞭解並認識正向思考者所具備的特質，並將其與自身相結合，也是一個剖析自我、認識自我，並間接完善自我的過程。

善於正向思考的人都有著幾乎相同的人格特質，對於人生的態度也驚人地相似，這讓他們擁有了把握精彩人生的巨大力量，使他們時刻心懷感恩、積極向上，爲自己的生命而歌。正如霍金所說：「我的大腦還能思維，我有終生追求的理想，有我愛和愛我的親人和朋友，對了，我還有一顆感恩的心……」這無疑成爲那些正向思考者始終都在心中哼唱著的歌謠。

「成功者思維中最重要的處事之道」

在成功者的思維模式中，無論是對現實世界和社會的認識還是對自我的認知，都能找到一個相同的影子，那就是積極。正向思考的內涵也就是對一切事物進行積極層面上的思考，積極衍生沸騰、向上的力量。積極面對和思考一切事物，積極展開行動，才有可能得到積極、正向的結果，這是一種導向作用。

特別是在惡劣環境下，積極的思考可以使人們處於興奮的情緒狀態中，並促使人體各個器官和系統良好地、有效地朝著積極的指令方向發出能量，排除一切消極的、無所作為的思想干擾，幫助人們迅速挖掘自身潛力、能力和創造力。這也正是成功者之所以擁有更強生命力的原因。

另外，成功者在人生中之所以能夠得到其他人的支持和肯定，也得益於他們對他人同樣採取了和對待自己一樣的積極態度：肯定自我、肯定他人，接受自己、接受他人，熱愛自己、熱愛他人。但是他們又會保持一種開闊的心境，積極地接納周圍的一切，他們更具寬容的度量。所謂「得人心者得天下」，因而他們更容易獲得他人的擁戴，使自己擁有召喚群體的力量。

總之，成功者的一切思想與行動都離不開積極二字，是積極的力量促使他們完成了在很多人看來很難實現，甚至不可能實現的事情，帶領他們一次次翻越人生的高峰，抵達一個又一個輝煌的時刻。

在生活中，我們可以通過以下幾個方面來加強正面思考對自我的決定性：

・**保持平和的心態**：人生不可能一帆風順，不論是遭遇疾病還是生活上的挫折，保持一份坦然的心態，平靜地接受那些自己目前無法改變的現實，並隨之調整自己的生活和工作節奏，淡看人間悲喜，凡事做而不求，保持心靈寧靜，使自己以最好的狀態對抗挫折。

・**培養多種興趣，合理安排生活**：創造豐富多彩的生活是一種生命力的體現，培養多種興趣，努力豐富充實自己的生活，增強生命的活力，讓人生更加有意義。無論是寫作繪畫還是唱歌彈琴，抑或是收藏，都會為展開正面思考提供良好的環境。

・**認識自身與社會的關係**：自然造就生命，社會造就人生。一個完整而成功的人生需要在社會中實現，所以我們必須面對現實，根據社會要求不斷調整自己的觀念和行為，採取積極的心態解決問題，使其與社會同步，從而使自己擁有發展的機會。

・**放下壓力**：遇到自己無法承擔的壓力，就要學會適當放下，不要過於苛求自己。如果真的想解決那些壓力非常大的事，可以向朋友或家人求助。

・**保持良好的人際關係**：良好的人際關係能使我們的情感和思想得到豐富和傳達，可以從根本上消除孤獨感，建立群體意識，並建立良好的社會關係，幫助我們更好地融入社會，適應社會。它需要我們擁有包容的心態，接納他人。

・**培養良好的自我意識**：正確認識自己的優缺點，懂得從客觀的角度看待自己。要樹立十足的自信，不要盯著自己的缺點不放，或是鑽牛角尖。

・**時常給自己積極的提醒**：時常提醒自己，任何危機都有好轉的機會，爲自己樹立希望。

「高超的正向思考，決定高超的結果」

正向思考是思維的最高級形式，運用這種思考來看待和解決生活中的事物，往往可以給我們帶來意想不到的良好效果。但是在運用正向思考時，不同的人卻會帶來不同的結果，這是因爲他們正向思考的運用程度有高有低，思維導致結果，結果驗證思考，正面思考程度完善，當然結果喜人，正面思考不足，結果也會令人擔憂。一個思維比另一個思維更正面，結果也就更好。思維的成功才能決定結果的成功。

高超的正向思考決定高超的結果，但是凡事只有相對，沒有絕對，正向思考也是如此。再成功的人也不可能到達最高境界的正向思考，只能無限接近，無限縮小思考與最高境界正向思考之間的差距。

真正做到這種無限趨近並不容易，如果說培養正向思考是創造成功的基礎，那麼提升正向思考的高度就是抵達成功頂峰的必要條件，我們只有不斷完善並提高正向思考的程度，才有可能與那座最高的成功之頂靠近，最大限度地實現自身價值。正向思考存在最高境界，雖然我們很難真的到達它，但卻可以無窮靠近它，最高境界的正向思考需要具備以下三個條件：

・最貼近具體環境的正向思考

正向思考不是一個簡單的理論，而是需要與具體實際相結合的實踐方法。任何脫離具體事實的正向思考都是空想，這也是爲什麼很多人在心中有著對正向思考的認識，但卻總是在現實中碰壁的原因。

一家五星級大酒店正在招聘一位大堂經理。這天，四位經驗豐富的應試者經過層層篩選，獲得了最後通關的機會。經過一輪專業性的提問，主考官發現四位女士實在是難分伯仲，這讓面試進入了一種近乎令人窒息的氛圍，無法抉擇是最難的抉擇。

就在這時，面試官說出了一個看似刁鑽的問題：「我可以吻你嗎？」聽到這個問題，第一位應試者呆住了，接著開始不知所措，與剛才熱情開朗的她幾乎判若兩人；第二位應試者反應更為激烈，她大聲斥責面試官，覺得自己受到了侮辱，而且拂袖離去；第三位應試者非常主動地吻了面試官，反而把面試官弄得很不好意思；第四位應試者卻優雅地伸出一隻手，等待接受面試官的親吻。

面試結果不言而喻。

四位應試者在各項素質上都旗鼓相當，但是唯有思維存在偏差。這種偏差就體現在正向思考與現實的結合上，擁有即時解決具體事件的能力，是實現高境界正向思考的一個具體表現。

現實與思維往往有著很遠一段距離，只做思考而缺乏與之相匹配的執行力，就永遠無法使正向思考發揮作用。一個人沒有一點神通就無法成爲職場中的領跑者，更不會成爲生活中的佼佼者。擁有將正向思考與具體環境高度結合的能力，將最正向的思考實現於最恰當的環境，就是一種神通，這是高境界正向思考的深度。

・一生持續保持正向思考

正向思考可以帶來正向的結果，正向思考實現得越深，結果也就越可喜。但是正向思考不是一蹴而就的神丹妙法，它需要持續地被挖掘和被執行才能發揮應有的效力。如同那些怨天尤人、自暴自棄的人們一樣，不堅持終將會導致最後的迷茫與墮落。當然，正向思考無法得到持續，也是負面思考作祟的結果，它直接導致了人們的放棄。

海克特是德國軟體巨頭ＳＡＰ公司的創始人之一，早年他在公司中佔有重要地位，享有百分之十六的公司股權，比公司裡的靈魂人物哈索・普拉特納還要高，那時的他春風得意，積極向上。但是在公司員工埋頭苦幹、ＳＡＰ公司突飛猛進時，他卻漸漸落伍了，與曾經並肩作戰的幾位公司元老漸行漸遠，他覺得自己受到了排擠，甚至覺得自己像個汽車上的備胎。於是他被調離了監事會，但是之後的屈辱仍然讓他覺得難以接受，最後，他出售了自己六百萬股股票，徹底離開了ＳＡＰ公司。

對於海克特的一系列做法，掌門人荷普非常憤怒，他說：「合作幾十年，他一直與我們談笑風生，誰也沒想到，他竟然在幾個月之內就變了一個人。」然而思想決定行動，行動導致結果，誰也沒能阻止海克特的離開，原因在於他的思想固化在了過去的模式之中。海克特的確是ＳＡＰ的功臣，但是他的思想無法與公司同步前進，新晉人才相繼湧入，公司不斷被創新者改革，在決策性角色發生巨大的改變後，他失去了公司建設之初的激情以及積極的工作態度，正向思考也由此被慢慢侵蝕，並最終消失，導致善始未能善終。

稍縱即逝的正向思考只能發出幾秒鐘的光芒，雖具力量卻不能長久，不能成就我們整個人生的輝煌，我們只有讓正向思考持續、長久、穩定地存在，才能夠時時得益於它。正向思考被持續、不遺餘力地運用，這是高境界正向思考的長度，這種長度無法被度量，只能用永遠來定義。

・對所有事物進行正向思考

有句話說：「心有多大，舞台就有多大。」同樣，你的正向思考有多寬廣，你人生的成功領域就有多寬廣。爲了獲得特定的結果，人們總是習慣於將正向思考用在某些特定事物上，例如想要通過考試，就會爲此而做出正向思考；想要獲得一個人的喜愛，就會把正向思考用到這個人的身上。但是總有些結果是人們不願接受的，那往往就是那些被人們忽略的，沒有使用正向思考去對待的事情。

海納百川，有容乃大，這的確是一種大家風範。將正向思考深入到每一件事物當中，是一件很難做到的事，但是可以肯定的是，一個人正向思考的範圍越是寬廣，得到的也就越多。

在廿八歲那年，韋爾奇正在負責一家工廠，但是不幸的是，工廠發生了爆炸，損失非常慘重。聽到這樣的結果，公司的高層都氣憤不已，斥責韋爾奇不負責任。但是處理這起事故的查理・里德卻觀點獨特，他想到的是韋爾奇從這場事故中學到了什麼以及公司是否應該繼續這個項目。結果，他沒有給韋爾奇任何處罰。在順風順水的環境下，韋爾奇進步得很快，不斷升職，最後成爲世界第一ＣＥＯ，當然查理・里德的職位也隨之不斷升遷。

查理・里德的做法不僅是一種高明的爲人處世態度，而且也體現著一種高瞻遠矚的思想。

用發散的眼光看世界，將正向思考廣泛撒網，充分運用到每一件事情上去，這是高境界正向思考的廣度，這個廣度足夠大，才能創造出足夠且豐富的精彩。

・讓自己無限接近最高境界的正向思考

上面我們講到，正向思考的有效實現需要具備三個因素：深度、廣度和長度。缺少其中任何一條，正向思考都是難以得到充分發揮的。我們的人生之所以會遇到這樣那樣的不盡如人意，除了負面思考的影響外，很多都是因爲我們的正向思考不夠完善造成的。

想要創造近乎完美的人生，我們不僅需要具備正向思考的能力，還需要能夠與時俱進地完善正向思考，使它更具深度、廣度以及持續性。這來自於生活點滴的積累，我們要從小事開始，逐漸加強正向思考的力量，最大限度地接近最高境界的正向思考：

- 善待身邊的每一個人
- 對生活滿懷感激
- 堅持自己的目標
- 提高自我即時應對能力
- 積累小成就，成就大成功

「活在當下，學會原諒自己」

生活中有成功也有失敗，有開心也有失落，如果我們把生活的起起落落、權利和欲望看得太重的話，生活對我們將永遠是一種壓力，心境也永遠做不到坦然。

人生在世，不要為碰翻的牛奶哭泣，如果對過往的事情仍然耿耿於懷，就必然會在煩躁的心態中錯失更多今天的東西。只有學會保持心靈平靜，改變可以改變的，接受無法改變的，才能享受生活的平凡和簡單。「寵辱不驚，看庭前花開花落；去留無意，望天空雲卷雲舒。」

冰心曾言：「人到無求品自高。」崇高的境界和平靜的心態都是「無求」，就像這位老師父一樣，用一個「隨」字，概括了人生各種狀態下的平常心，對所得所失、所喜所悲都完全看淡，就好似塵世榮華，了然於心。

古人說：「人生不如意之事十之八九。」人的一生是一個不斷接受自己、不斷與命運抗爭的過程，也是一個不斷擁有、不斷失去的過程。如果不能保持「心靈平靜」，學不會淡泊名利，就會患得患失，在權利和欲望的得失之間痛苦前行。

人生有順境也有逆境，真正的人生就是需要逆境的不斷磨煉。

如果面對過往的一切，獨自感歎後悔，只能說明我們的愚蠢和消極。

若想要走出沒有後悔的人生路，我們就必須要積極面對未來，不對過往的一切念念不忘。

停止你的後悔和懊惱，讓煩躁失望的心平靜下來，因爲你所後悔的那些，不管是自我的緣故還是命運的牽引，都不是導致失敗的原因，最根本的還是在於我們的心境和眼光。你是在向前看，還是在頻頻回眸，是在坎坷人生路上不懈奮鬥，還是在遭遇挫折後鬱鬱寡歡？

漢德・泰萊是紐約曼哈頓區的一位神父。

那天，教區醫院裡一位患者生命垂危，他被請過去主持臨終前的懺悔。他到醫院後聽到了這樣一段話：「仁慈的上帝！我喜歡唱歌，音樂是我的生命，我的願望是唱遍美國。作為一名黑人，我實現了這個願望，我沒有什麼要懺悔的。現在我只想說，感謝您，您讓我愉快地度過了一生，並讓我用歌聲養活了我的六個孩子。現在我的生命就要結束了，但死而無憾。仁慈的神父，現在我只想請您轉告我的孩子，讓他們做自己喜歡做的事吧，他們的父親是會為他們驕傲的。」

一個流浪歌手，臨終時能說出這樣的話，讓泰萊神父感到非常吃驚，因爲這名黑人歌手的所有家當，就是一把吉他。他的工作是每到一處，把頭上的帽子放在地上，開始唱歌。四十年來，他如癡如醉，用他蒼涼的西部歌曲，感染他的聽眾，從而換取那份他應得的報酬。

黑人的話讓神父想起五年前曾主持過的一次臨終懺悔。那是位富翁，住在里士本區，他的懺悔竟然和這位黑人流浪漢差不多。他對神父說，「我喜歡賽車，我從小研究它們、改進它們、經營它們，一輩子都沒離開過它們。這種愛好與工作難分、閒暇與興趣結合的生活，讓我非常滿意，並且從中還賺了大筆的錢，我沒有什麼要懺悔的」。

白天的經歷和對那位富翁的回憶，讓泰萊神父陷入思索。當晚，他給報社去了一封信。信裡寫道：「人應該怎樣度過自己的一生才不會留下悔恨呢？我想也許做到兩條就夠了。第一條，做自己喜歡做的事；第二條，想辦法從中賺到錢。」

後來，泰萊神父的這兩條生活信條，被許多美國人信奉。的確，人生如此，也沒什麼好後悔的了。

我們之所以對以前的某個錯誤耿耿於懷，遲遲不肯原諒自己，多半是因爲我們爲之付出了一定的代價。可是，不肯原諒又能如何？代價不能再收回，但是我們的心情可以回轉，也需要回轉，因為生活還要繼續。

一位女士結婚三年，生下一個又白又胖的小男孩兒，家人皆大歡喜。尤其是一直生活在農村的公公婆婆更是笑得合不攏嘴，買了一大堆東西來看孩子。她當然也是高興得很，想著一定要養育好孩子，以報答公公婆婆和丈夫。

可是，在孩子剛剛滿月的一天夜裡，由於孩子之前一直哭導致她未能休息好，在好不容易把孩子哄睡後，她也很快進入了夢鄉。可是，也許是她太累了，睡得太熟了，被子蒙住了孩子的頭，她居然沒有發現。等她發現的時候，孩子已經停止了呼吸。她頓時號啕大哭，大叫著：「是我害死了孩子！是我害死了孩子！」一連幾天幾夜不吃不喝，就這樣大喊大叫，任誰勸都不聽。

最後，她瘋了，整天抱著孩子的小衣服，小被褥，一會兒哭，一會兒笑。嘴裡絮叨著：「我有罪，我該死……」

出現這樣不幸的事，面對這樣的打擊，我們一般人一時確實難以接受。但可怕的事情既然已經發生了，並爲之付出了慘痛的代價，就應該原諒自己，承認事實，接受事實，總結教訓，將自己從過去的痛苦中拯救出來。在神話裡，連神靈都可以原諒自己，那麼你我這等凡人爲什麼要和自己過不去呢？

常常聽一些人痛苦地說：「我永遠無法原諒自己。」可是，不原諒又如何？那等於把自己推入了一個永不見底的深淵，從此再也看不到希望和光明。而世上沒有「後悔藥」，誰也不能改變過去，對自己的責怪也只能是加深自己的痛苦罷了。

其實犯錯本身並不可怕，可怕的是我們失去了直視它的勇氣，更可怕的是我們從此失去做事的心情，以至於賠上了現在和未來。所以，切莫再抓住過去的傷疤不肯放手，趕快從自怨自艾的泥潭中跳出來，朝氣蓬勃地投入到新的生活和事業中去吧！

只有真正從心底裡原諒自己，才能驅走煩惱，讓心情好轉。學會原諒自己，不是給自己找藉口，而是很平靜地分析我們過去的錯誤，從而在錯誤中得到教訓，做到「經一事，長一智」。

我們不僅要學會原諒別人，更要學會原諒自己。如果不能原諒自己，我們便會陷在失敗的泥潭裡無法自拔；如果不能原諒自己，我們便會終日在自責中度過；如果不能原諒自己，我們便會失去自信，失去前進的勇氣。

缺憾也是一種美

當愛神維納斯裸露的軀體、殘缺的斷臂展示在世人的面前時，人們感歎的並不是她美中不足的缺憾。據說維納斯像出土時，因爲缺少手臂，當時的著名雕塑家們，就舉行了一場重新塑造手的比賽。但是比對了許多個方案之後，人們統一認爲，沒有手臂的維納斯，比起有各種手臂的維納斯更美麗。直到現在也沒有人對她的美提出過異議，相反，她身上的缺憾引發了無盡的遐想。

當我們在追求完美的時候，當我們因爲不夠完美而心情不爽的時候，常常忽略了缺憾其實也是一種美，是上天賜給我們的另一種恩惠。

有一個小木輪，忽然有一天發現自己身上少了一塊木片，為了補上這一缺憾，它決定去尋找一塊和自己丟失的一樣的木片。

於是，它開始了長途跋涉，但由於缺了一塊，不夠圓，所以走得非常慢。這時正值春暖花開的季節，路邊的風景非常美，五顏六色的花點綴在綠色的田野裡，空中還有鳥兒在歌唱。小木輪邊走邊欣賞風景，不知道就這樣走了多久，它終於發現了一塊和自己的缺口一樣的木片，它高興地將其裝在身上，這下完美了，它想。

然後，小木輪重新出發了，沒有了缺憾的它自然走得飛快，它開始為自己的完美歡呼。可是，沒過多久，它就洩勁了，因為它再也沒有時間和機會欣賞路邊的野花，聆聽小鳥的歌唱了，單調地趕路讓它感覺枯燥和乏味。於是，經過再三思量，它還是將木片卸了下來，帶著缺憾慢慢上路，快樂的心情又重新回來了。

因爲少了一塊木片，小木輪看到了美麗的風景，缺憾反倒成了一種恩惠。而在藝術界，有的評論家甚至提出：「完美本身就是一種局限，單調的美容易使人淡忘，而一些缺點往往起到震撼心靈的作用，使創作更加生動真實。」的確，完美與缺憾本身就是相對存在的，如果沒有缺憾又如何能顯出完美的魅力？就像如果沒有沙漠，人們就不會產生對綠洲的期待。

單調的美容易讓人淡忘，不僅僅是藝術領域，生活中其實也是如此。你可以搜索一下自己的記憶，你會發現令你記憶猶新的和自以爲美好的實際上並不是那些真正完美的事情。正如當初我們錯過了一份美好的感情，如今每每都會想起，時時都會拿出來玩味，甚至到老還會記得曾經有一個多麼美麗的姑娘或者多麼帥的小夥子偷偷喜歡過自己，卻陰差陽錯地未能牽手，到了那時候，所有的遺憾都沉澱成了一種美麗的情愫。

事實雖是如此，但是缺憾並不受人歡迎，我們都在追求所謂的完美，想要擁有完美的親情；想要擁有完美的愛情；更想擁有一個完美的人生。只是日有東升西落，月有陰晴圓缺，就連星星也有隕落，也就是說真正意義上的完美並不存在。但是，也正因爲有了缺憾，我們才看到了人生的另一種風景。

每個人都擁有一座「金礦」

很多人抱怨自己既不是官二代也不是富二代，手裡擁有的東西實在太少。但是，對正向思考者來說，我們擁有的東西真的很多，並且是取之不盡，用之不竭的，比如說人脈。

好人脈是一座挖不盡、用不竭的金礦，是一筆無形的財富。尤其是在中國這個極其講究人情的國度裡，人脈的作用絕對不可低估。經濟的飛速發展，帶來了人際關係的重新排列和組合。

一個人一生所面臨的各種關係，比以前更新鮮、更複雜，變化也更迅速。這就要求我們的頭腦要更靈活、更快適應社會，花費更多的心思、動用更多的手段來經營自己的人際關係。只要方法得當，每個人都可以擁有這座「金礦」。

其實，人脈就是一張網，其間的資訊傳遞與人腦內部的資訊傳遞非常相似。腦部的某一點受到外界刺激會產生信號，傳至另一點而引發某種想法。如果只靠這兩點之間的單程傳遞，一旦這條線由於某種原因受到阻斷，資訊傳遞就不能再繼續。這樣的資訊鏈必定十分脆弱。所以在我們的大腦中，兩點之間的資訊通路有成千上萬條。不論這是大自然賜給我們人類的福祉，還是我們在漫長的物競天擇中進化來的、必需的生存能力，總之，正是由於這無數的資訊通路，我們才得以實現偉大的夢想。

營造和維繫好人脈，是一門學問，更是一種藝術。經營好自己的人際關係網，編織一個牢固龐大的人際網路，當你需要幫助時，就會有人向你伸出熱誠的雙手，給你一個可以依靠的肩膀。

以下八種人脈是你一生的功課。

第一種，以親情爲基礎的關係：血濃於水。

「血濃於水」是人們常說的一句話，它說明了動用關係、求人辦事時親戚的重要作用。親戚關係是每個人都具有的一筆寶貴資源，在生活中不懂得善加利用，可以說是一種極大的浪費。親戚之間的血緣或親緣關係決定了彼此之間特殊的親密性。遇到困難，人們首先想到的就是找親戚幫助。作爲親戚，對方也大都會很熱情地向你伸出援助之手。

第二種，以友誼爲基礎的關係：同學情與戰友誼。

少年時代建立的同學關係是十分純潔的，有可能發展爲長久、牢固的友誼。由於在學生時代的我們，年輕、單純、熱情奔放，對未來的人生充滿崇高的理想，而這樣的理想往往是同學們所共同追求的目標。曾幾何時，彼此在一起熱烈地爭論和探討，每一個人的內心世界都袒露在他人面前。加之同學之間的朝夕相處，彼此之間有了一定的瞭解。

同學關係有時的確能在最關鍵時幫上自己的忙。可是，值得注意的是，平時一定要注意和同學培養、聯絡感情，人情話該說的時候要遞上，只有平時經常聯絡，同學的友誼之情才不至於疏遠，同學才會很樂意幫助你。如果你與同學分開之後的幾年間，從來沒有聯絡過，你去托他辦事的時候，一些比較重要、關係到他個人利益的事情，他就不會幫你，這也是人之常情。

第三種，以魅力爲基礎的關係：尋找屬於你的「fans」。

風度是一個擺在人們面前的現實問題。伊莎貝拉曾經說過，美麗的相貌和優雅的風度是一封長期有效的推薦信。人們關心自己的風度，也議論他人的風度。人們讚揚和羨慕那些風度翩翩的人，並且也期望自己和周圍的親友都具有良好的氣派。因此，我們就必須要更講究自己的風度，樹立良好的形象，讓你的魅力吸引你的fans。

風度是人的言談、舉止、態度的綜合體現，更進一步說，是人的精神氣質的外在擴散所形成的魅力。這種魅力給人一種美的懾服力。這種美的懾服力，能使人產生心理的傾慕和震顫。腹有詩書氣自華，風度雖然是通過一種外在的形式表現出來的，但它卻與一個人的知識水準、精神面貌、道德修養、審美觀念等密切相關。比如，服飾的打扮與人的審美水準有關，精神的狀態與人的個性、修養有關。一位哲人說得好，「風度是我們天性的微小衝動」。從一個人的風貌可窺見其內在素質和修養。羅曼・羅蘭說：「多讀一些書，讓自己多一點自信，加上你因瞭解人情世故而產生的一種對人對物的愛與寬恕的涵養，那時你自然就會有一種從容不迫、雍容高貴的風度。」

由此，一個傑出的人物，應當時刻注意自己的風度。不管自己長得怎樣，不管在什麼場合下，也不管遇到多大的困難與波折，都要顯得豁達、堅定，顯得剛毅果敢、氣宇軒昂，這樣，就自然會有一股英雄氣概，有一種外在魅力。如果妄自菲薄，自慚形穢，自己看不起自己，自己打倒自己，即使五官相貌長得再好，又有什麼風度可言？試想一個沒有風度的人怎麼能夠廣交朋友，開拓人際關係呢？

第四種，以鄉情為基礎的關係：鄉里鄉親。

在錯綜複雜的人際關係裡，以鄉情為基礎的人際關係即搞好老鄉的關係是十分必要的。因為這樣不僅可以多交一些朋友，最重要的是可以獲得很多有價值的東西，或許它可以讓你一輩子都受益無窮。最起碼，可以為你在有求於人的時候提供一條「跑關係」的線索。

第五種，以人心為基礎的關係：「得天下」的先決條件。

一個人的人際關係好壞與否，其實也就是贏得人心的成功與否。大眾的力量是巨大的，想做什麼事要依靠大眾的力量，都可以輕鬆實現。你善待眾人，懂得去建立關係，就會有許多人願意幫助你，不斷地給你提供各種各樣的資源，使你能夠開足馬力向前進。只要能得到眾人之心，就能築起無數的「鋼鐵長城」。楚漢相爭可以說是很能說明這個問題的代表事例。

第六種，以外力爲基礎的關係：伯樂扶助走上紅地毯。

所謂貴人，就是指有權有勢，或有名有錢的人。他們既然不同於常人，自然也擁有常人所不及的力量，可幫人辦成不一般的事。但要想借貴人爲自己幫忙，當然需動一番腦筋、費一番功夫。

對於一般人來說，貴人很難遇上，然而一旦遇上，就要牢牢地抓住，直至幫你達到成功的目標爲止，這才是高明之所在。

良好的「伯樂與千里馬」關係，最好是建立在各取所需、各得其利的基礎上。這絕不是鼓勵大家唯利是圖，而是強調以誠相待的態度，既然你有恩於我，他日我必投桃報李。

因此，假如你是一匹良駒，一定要找到可以相助自己馳騁千里的伯樂與「貴人」。有了「貴人」的提攜，加之個人的能力與努力，你一定可以比他人早成功。

第七種，以敵友爲基礎的關係：善馭小人。

大凡小人，見利忘義者居多，但是有很多小人由於捨得「投資」，他們的關係網還是比較廣的。利用這樣一個特點，可以在自己困難的時候，以利誘之，解決自己的困難，以小利換大利。

當然，利用小人辦事，一定要穩妥行事，一旦有所損失，可以及時撤身，避免更大的損失。

利用小人辦事，首先要瞭解小人的背景來歷，看他的關係到底如何，還要看所托的關係性格和行事特點。原則性強的人就不容易辦事。其次，要循序漸進，不要一股腦兒的將利益全部拿出，這樣反而會激起他更大的胃口。第三，不要一棵樹上吊死，不要完全寄託於小人，要多尋幾條道路，防止錯過時機。第四，與小人接觸時間長了，有時就會不經意之間得到小人的「辮子」或者把柄，切不可聲張，更不要將「辮子」還給對方。因爲也許小人會倒打一耙，來個卸磨殺驢、斬草除根。

第八種，以鄰居爲基礎的關係：遠親不如近鄰。

俗話說「遠親不如近鄰」。從社會現象來看，在單位，與上司、同事接觸，回家後，自然要與鄰居、家人相處。鄰里關係也是一種重要的朋友關係，除了屬於自己的那個溫馨小家，鄰家也成爲我們必須接觸的單位。

鄰里之間，低頭不見抬頭見，如果處理不好鄰里關係，兩家打來罵往，誰也過不了舒心的日子。所以，我們一定要正確處理鄰里關係，彼此真誠相處，和和氣氣。這樣你不但能擁有祥和寧靜的生活空間，而且遇到急難之時，鄰居說不定還能助你一臂之力。

延伸閱讀：六頂思考帽

英國學者愛德華・德・波諾（Edward de Bono）博士被譽爲二十世紀改變人類思維方式的締造者，他開發了一種思維訓練模式——六頂思考帽，這是一個全面思考問題的模型。在日常生活中，當我們遇到問題時，如果考慮得更全面、更具體，解決問題時就會更加得心應手。

六頂思考帽爲人們提供了「平行思維」的工具，它避免將時間浪費在互相爭執上，尋求的是一條向前發展的路，而不是爭論誰對誰錯。生活中如果遇到麻煩，運用六頂思考帽，將會使混亂的思考變得更清晰，使無意義的爭論變成集思廣益的創新。下面我們就爲大家介紹一下六頂思考帽的具體內容和運用方法：

・六頂思考帽的內容

六頂思考帽建立了一個思考框架，並指導人們在這個框架下按照特定的程序進行思考，這種思考方式極大地提高了效能。波諾認爲，任何人都有能力進行以下六種基本思維功能，這六種功能可用六頂顏色的帽子來作比喻：

◎白帽子：白色是中立而客觀的，代表著事實和資訊。中性的事實與資料帽，有處理資訊的功能。

◎黃帽子：黃色是樂觀的顏色，代表與邏輯相符合的正面觀點。樂觀帽，有識別事物的積極因素的功能。

◎黑帽子：黑色是陰沉的顏色，意味著警示與批判。謹慎帽，有發現事物消極因素的功能。

◎紅帽子：紅色是情感的色彩，代表感覺、直覺和預感。情感帽，有形成觀點和感覺的功能。

◎綠帽子：綠色是春天的色彩，是創意的顏色。創造力之帽，有創造解決問題的方法和思路的功能。

◎藍帽子：藍色是天空的顏色，籠罩四野，控制著事物的整個過程。指揮帽，有指揮其他帽子，管理整個思維進程的功能。

六頂思考帽在發明之初曾被成功地運用到很多知名企業當中，大大降低了會議成本，提高了企業的效能。事實上，它也同樣可以運用到我們個人的思維當中，使我們將思考的不同方面分開進行，取代了一次解決所有問題的做法。

‧六頂帽子的運用方法

在日常生活中，由於我們的性格、學識和經驗等都具有一定的局限性，從而也就使我們的思維模式形成了定勢或者受到了限制，不能有效解決問題。運用六頂思考帽模型，我們就可以不再局限於單一的思維模式，而且思考帽代表的是角色分類，是一種思考要求，它可以隨時提醒我們在遇到問題時，思考要靈活、全面。

六頂思考帽代表的六種思維角色，幾乎涵蓋了思維的整個過程，既可以有效地支持個人的行爲，也可以支持團體討論中的互相激發。比如當遇到問題時，我們可以提醒自己通過下面這個步驟解決：

理清思維，把問題從頭到尾闡述一遍（白帽）；

提出解決問題的建議（綠帽）；

列舉建議的優點（黃帽）；

列舉建議的缺點（黑帽）；

對各項選擇方案進行直覺判斷（紅帽）；

總結陳述，得出方案（藍帽）。

利用六頂思考帽的思考方式，人們可以依次對問題的不同側面給予足夠的重視和充分的考慮。如同彩色印表機一樣，先將各種顏色分解成基本色，然後將每種基本色列印在相同的紙上，最終得到對事物的全方位「彩色」思考。

試想如果我們每次遇到問題時都能這樣理性地思考，那麼，還有什麼問題會難倒我們呢？

實踐方法：

回想一下自己在遇到問題時，是不是常常心存僥倖，祈禱上帝「別讓事情變得那麼糟糕」呢？如果回答是肯定的，那麼你就要注意仔細練習六頂思考帽的方法了。

任何人的本性裡都有至少一種顏色的思考帽是你經常用到的，這也反映了一個人的性格。你需要注意的不是如何用這頂思考帽，而是不要過度使用這頂思考帽。

六頂思考帽是一種科學的思考方法，先不要急著將它們綜合運用，應先運用好你最擅長的和你最不擅長的兩頂思考帽。

8章

想好了就去做
準備好就能贏得成功

想好了，就去做——

抱負再大志向再大，機會也只會垂青有備而來的人。

每一次差錯皆因準備不足，每一項成功皆因準備充分。

準備好能夠使你贏得成功。

機會只垂青有準備的人

如果說成功確實有什麼偶然性的話，這種偶然的機會也只會垂青有準備的人。世界上最可悲的一句話就是：「曾經有一個非常好的機會，可惜我沒有把握住。」遺憾的是，這種事情在很多人身上都發生過。其實，機會對我們所有人都是平等的，它有可能降臨在我們每一個的身上，但前提是：在它到來之前，你一定要做好準備。

有一個叫羅伯特的美國人，想用八十美元來周遊世界，別人都認為他是在癡心妄想。羅伯特沒有理會那些冷嘲熱諷，他找出一張紙，寫下為用八十美元旅行所做的準備。

- 設法領取到一份可以上船當海員的文件。
- 去警察局申領無犯罪證明。
- 考取一個國際駕駛執照，找來一套地圖。
- 與一家大公司簽訂合同，為之提供所經國家的土壤樣品。

・同一家膠捲公司簽訂協定，可以在這家公司的任何一個分公司免費領取膠捲，但要拍攝照片為公司作宣傳。

……

當羅伯特完成上述的準備之後，他就在口袋裡裝好八十美元，興致勃勃地開始了自己的旅行。結果，他完全實現了自己的夢想。

以下是他旅行的一些經歷的片斷：

・在加拿大巴芬島的一個小鎮用早餐，他不付分文，條件是為這家餐館拍照並承諾在旅行中宣傳；

・在愛爾蘭，花五美元買了四箱香煙，從巴黎到維也納，費用是送司機一箱香煙；

・從維也納到瑞士，由於他搭乘貨車的司機在半途得了急病，已經擁有國際駕駛執照的他將司機送到了醫院，並將貨物安全送到了目的地。貨運公司非常感激他，專門派車將他送到了瑞士，當然是免費的；

・在西班牙一家新開張的公司門口，由於他們用來拍攝慶祝畫面的照相機出了故障，羅伯特免費為他們拍攝了照片，他們送給羅伯特一張到達義大利的飛機票；

• 在泰國，由於提供了一份美國人最近旅遊習慣的資料，他在一家高檔的賓館享受了一頓豐盛的晚餐；

……

愚者錯失機會，智者善抓機會，成功者創造機會。對有準備的羅伯特來說，遍地都是機會。看來，這準備二字，真不是說說而已。

機會對於有準備的人來說，是通向成功之路的催化劑；對於缺乏準備的人來說，卻是一顆裹著糖衣的毒劑，在你還沉浸在獲得機會的興奮之中時，它卻會給予你致命的一擊。

你還在苦苦地盼望著機會嗎？那好，馬上去做準備吧！你的任務便是要時刻做好準備，走在人前。

學會怎樣去做準備

一個高效的執行者所採用的模式應該是這樣的：思考—準備—執行—成功。有相當一部分員工並不缺乏主動精神和工作熱情，他們缺少的是在接受任務以後踏踏實實的準備。在某些時候，這種盲目主動和熱情下的工作效率是非常低下的。盲目的準備和努力毫無意義。

有一位勤勞的伐木工人，被指令砍伐一百棵樹。接受任務以後，他毫不拖延地投入到了工作當中，每天工作十個小時。可是漸漸地，他發覺自己砍伐的數量在一天天減少。他開始想，一定是自己工作的時間還不夠長，於是除了睡覺和吃飯以外，其餘的時間他都用來伐樹，一天要工作十二個小時。但他每天砍伐的數量反而有減無增，他陷入了深深的困惑之中。

一天，他把這個困惑告訴了主管，主管看了看他，再看了看他手中的斧頭，若有所悟地說：「你是否每天用這把斧頭伐樹呢？」

工人認真地說：「當然了，沒有它我可什麼也幹不了。」

主管接著問道：「那你有沒有磨利這把斧頭呢？」

工人的回答是：「我每天勤奮工作，伐樹的時間都不夠用，哪有時間去幹別的。」

聽到這裡，主管說：「這就是你伐樹數量每天遞減的原因。雖然工作熱情很高，但你連工作必需的工具都沒有準備好，又怎麼能提高工作效率呢？」

在我們身邊，有很多人像這個伐樹工人一樣，總是忘了應該採取必要的準備使工作更簡單、更快捷。不做足準備你又怎麼能指望他們高效高質地執行好任務呢！要知道，在資訊時代的今天，不磨刀就等於沒有刀！

在企業中，總是有百分之五十的指令被變通執行或打了折扣執行，百分之三十的指令有始無終，最後不了了之，百分之十五的指令根本沒有執行，也就是說，實際上只有百分之五的指令真正發揮了作用。

其實，問題就是出在了準備上。

在工作中，不僅僅要重視準備，還必須學會怎樣去做準備，這是任何一個想成爲卓越員工的必修課。

準備工作必須要有明確的方向與目標，跟著目標走才不會迷路。同樣，準備工作也必須要有明確的方向與目標，盲目的準備往往只會是徒勞的。

從一開始做準備時就有明確的目標，意味著從一開始時你就知道自己的目的是什麼，這樣才能有針對性地將工作集中到一個點上，準備才會有的放矢。那種看似忙忙碌碌，最後卻發現與目標南轅北轍的情況是非常令人沮喪的。這也是許多效率低下、不懂得卓越工作方法的人最容易出現的錯誤，他們往往把大量的時間和精力浪費在了毫無價值的準備工作當中了。

在一個漆黑的夜晚，一個人正在燈火通明的房間裡四處搜索著什麼東西。

有一個人問他：「你在尋找什麼呢？」

「我丟了一顆寶石，這是我祖母留給我的，必須找到它。」這個人回答。

「你把它丟在這個屋子的中間，還是牆邊？」第二個人問。

「都不是，我把它丟在屋外的草地上了。」他又回答。

「那你為什麼不到草地上去尋找呢？」第二個人奇怪地問。

「因為那裡沒有燈光，而屋子裡有。我把這裡的燈全打開了，並把屋裡阻擋我視線的傢俱都搬了出去，還找礦務局的朋友借了一個探測礦石的儀器，你看，我準備得足夠充分了吧！」這個人自豪地說。

看完這個故事，你肯定會覺得這個人很可笑。然而，我們中的有些人每天都在錯誤的地方尋找他們想要的東西。

一個想要找到金礦的採礦者，如果他認爲在海灘上挖掘更容易，而到那裡尋找金子的話，不管準備工作做得多麼充分，他找到的肯定也只是一堆堆的沙土和貝殼。

目標，正如射擊場上的靶子，它會告訴你射擊的方向，還會顯示出你的子彈離靶心有多遠。有了明確的目標，你就不會盲目地浪費時間和精力去做那些無謂的準備。

在小事上多下點功夫

在工作中，對於小事、細節尤其要做好準備工作。正因爲它小，才容易被忽視；正因爲它細，才更容易出紕漏。在小事上多下點功夫，在細節上多做些準備，才能立於不敗之地。

一名美國人到上海參加一個商務會談，入住在一家五星級的酒店。當這個美國人早晨從房間出來準備吃早餐時，一名漂亮的服務小姐微笑著和他打招呼：「早上好，傑克先生。」美國人感到非常驚訝，他沒有料到這個服務員竟然知道自己的名字。服務員解釋說：「傑克先生，我們每一層的當班服務員都要記住每一個房間客人的名字。」美國人一聽，非常高興。

在服務員的帶領下，美國人來到餐廳就餐。在用過一頓豐盛的早餐後，服務員又端上了一份酒店免費奉送的小點心。美國人對這盤點心很好奇，因為它的樣子太怪了，就問站在旁邊的服務員：「中間這個綠色的東西是什麼？」那個服務員看了一眼，後退一步並做了解釋。當客人又提問時，她上前又看了一眼，再後退一步才回答。原來這個後退一步就是為了防止她的口水會濺到食物上，美國客人對這種細緻的服務非常滿意。

幾天以後，當美國客人處理完公務退房準備離開酒店時，服務員把單據折好放在信封裡，交給這位客人的時候說：「謝謝您，傑克先生，真希望不久就能第三次再見到您。」原來，這位客人在半年前來上海時住的就是這家酒店，只不過上次只住了一天，所以對這個服務員沒什麼印象，誰知她居然還能記得。

後來，這位美國客人又多次來過上海，當然，他每次肯定會住在這家酒店，而那位服務員的服務依然那麼細緻入微。當這個美國人最近一次入住這家酒店時，發現當年的那位服務員現在已經是酒店的客房部經理了。

這是必然的結果，任何企業都不可能不提拔像那位服務員一樣，在工作中的任何一件小事和細節上都能準備得如此充分的員工。

縱觀那些卓越的員工，無一不是在細節的準備上下過大功夫的。你在他們的工作中看不到任何拖泥帶水的現象，從他們的舉止行動中你能感受到一個高素質人才的表現。他們總能在細節上做得讓老闆挑不出任何毛病，也總能在細節上讓他們的客戶感到十分滿意。

「千萬不要在小事上忽視了準備」

一個幾百年前發生的小故事也說明了這個道理——無論要做的事有多麼小、多麼不起眼，都萬萬不能忽視了準備，否則就有可能付出極其慘痛的代價。

國王理查三世和他的對手里奇蒙德伯爵亨利要決一死戰了，這場戰鬥將決定誰統治英國。

戰鬥進行的當天早上，理查派了一個馬夫去備好自己最喜歡的戰馬。

「快點給牠釘掌，」馬夫對鐵匠說，「國王希望騎著牠打頭陣。」

「你得等等，」鐵匠回答，「我前幾天給國王全軍的馬都釘了掌，現在我得找點兒鐵片來。」

「我等不及了。」馬夫不耐煩地叫道，「國王的敵人正在逼進，我們必須在戰場上迎擊敵兵，有什麼你就用什麼吧。」

鐵匠埋頭幹活，從一根鐵條上弄下四個馬掌，把它們砸平、整形，固定在馬蹄上，然後開始釘釘子。釘了三個掌後，他發現沒有釘子來釘第四個掌了。

「我需要一兩個釘子，」他說，「得需要點兒時間砸出兩個。」

「我告訴過你等不及了，」馬夫急切地說，「我聽見軍號了，你能不能湊合一下？」

「我能把馬掌湊合著釘上，但是不能像其他幾個那麼牢實。」

「能不能掛住？」馬夫問。

「應該能，」鐵匠回答，「但我沒把握。」

「好吧，就這樣，」馬夫叫道，「快點，要不然國王會怪罪到咱們倆頭上的。」

兩軍開始交戰了，理查國王衝鋒陷陣，鞭策士兵迎戰敵人。「衝啊，衝啊！」他喊著，率領部隊衝向敵陣。遠遠地，他看見戰場另一頭幾個自己的士兵退卻了。如果別人看見他們這樣，也會後退的，所以理查策馬揚鞭衝向那個缺口，召喚士兵調頭戰鬥。

他還沒走到一半，一隻馬掌掉了，戰馬跌翻在地，理查也被掀在地上。國王還沒有再抓住韁繩，驚恐的戰馬就跳起來逃走了。理查環顧四周，他的士兵們紛紛轉身撤退，敵人的軍隊包圍了上來。

他在空中揮舞寶劍，「馬！」他喊道，「一匹馬，我的國家傾覆就因為這一匹馬。」

他沒有馬騎了，他的軍隊已經分崩離析，士兵們自顧不暇。不一會兒，敵軍俘獲了理查，戰鬥結束了。

從那時起，人們就說：

少了一個鐵釘，丟了一隻馬掌；

少了一隻馬掌，丟了一匹戰馬；

少了一匹戰馬，敗了一場戰役；

敗了一場戰役，失了一個國家。

所有的損失都是因為少了一個馬掌釘。

這個著名的傳奇故事出自已故的英國國王理查三世遜位的史實，他一四八五年在波斯戰役中被擊敗。而莎士比亞的名句：「馬，馬，一馬失社稷。」使這一戰役永載史冊，同時也告訴了我們這樣一個道理，雖然只是少了一顆釘子的準備，卻帶來了巨大的危險。

準備是不分大小的，不要認爲一顆釘子的作用不大，而不去準備。每一件驚天動地的事物都是由千千萬萬的小事組成的，其中只要有些許失誤，就有可能導致前功盡棄。

記住，千萬不要在小事上忽視了準備。

是否關注細節，這是普通員工與卓越員工的分水嶺。

「每天多準備百分之一，付出總會有回報」

《禮記・大學》中有段話：「苟日新，日日新，又日新。」老子在《道德經》中說：「合抱之木，生於毫末，九層之台，起於累土，千里之行，始於足下。」這些古老的中國經典文化說明一個道理：量變積累到一定程度就會發生質變。所以說，不要幻想自己能突然脫胎換骨，馬上就能成爲一個卓越的員工。要知道，從平凡到優秀再到卓越並不是一件多麼神奇的事，你需要做的就是，每天進步一點點。讓自己進步的方法有很多，但見效最快的就是：每天多準備百分之一。

假如你看到體重達八千六百公斤的大鯨魚，躍出水面六點六公尺，並向你表演各種雜技，你一定會發出驚歎。確實有這麼一隻創造奇蹟的鯨魚，牠的訓練師披露了訓練的奧秘。

在開始時，他們先把繩子放在水面下，使鯨魚不得不從繩子上方通過，每通過一次，鯨魚就會得到獎勵。漸漸地，訓練師會把繩子提高，只不過每次提起的高度都很小，這樣才不至於讓鯨魚因為過多的失敗而感到沮喪。就這樣，隨著時間的推移，這隻鯨魚竟在不知不覺中躍過了六點六公尺的高度。

就像這隻鯨魚一樣，每一個卓越員工的經歷雖然各有不同，但總有一點是相同的，那就是他每天的工作總比別人多一些準備，哪怕只多百分之一。有一句古老的諺語說：「事情就怕加起來。」正是這一個個百分之一的相加，才造就了非常可觀的成就。

你在爲即將進行的工作做準備時，不論考慮得多麼周全，準備得多麼充分，在工作的開展過程中卻不免會有意外的出現，這個意外也許相對於整體來說，比重並不大，但事情的成敗與否，往往就在此一舉。這就像「酒與污水法則」告訴我們的一樣，一滴酒滴入污水中，污水還是污水，而一滴污水滴入酒中，則酒就變成了污水。當你所有的準備工作無法換來成果時，你一定會詛咒那個看起來很小卻毀了全部的意外，而這個小小的意外其實只需要你在做準備時多做百分之一，即可以避免。

事情往往就是這樣，問題總是出現在你缺少百分之一準備工作時，它令你措手不及，以至爲後來的失敗埋下了禍根。如果你能堅持每天多做一點準備的話，漸漸地，你就會發現在自己身上發生了驚人的變化：工作效率提高了，工作能力增強了，上司越來越喜歡把重要的任務交給你。不知不覺中，你已經成爲了身邊同事羨慕和嫉妒的對象，就像從前你羨慕那些非常卓越的同事一樣。

你要堅信這個道理：付出的總會有回報。也許你的投入無法立刻得到相應的回報，也不要氣餒，應該一如既往地多付出一點。回報可能會在不經意間，以出人意料的方式出現。你付出的努力如同存在銀行裡的錢，當你需要的時候，它隨時都會爲你服務。

記住了嗎？每天多準備百分之一！

把每一件簡單的事做好就是不簡單；把每一件平凡的事做好就是不平凡。

「事前多一分準備，事後少一分風險」

近來一個比較時髦的概念就是戰略，尤其對一些企業家來說，戰略已經被提高到「決定成敗」、「攸關輸贏」、「改變命運」的高度。戰略確實很重要，但是，再完美的戰略在執行時也需要充分的準備來做基礎，準備是戰略能否實現的前提。

下面這個關於迪士尼公司進軍歐洲市場的案例，就充分地展示了準備和戰略之間的關係。

當時，剛剛在美國和日本取得空前成功的迪士尼公司制定了一個覆蓋全球的總體戰略，決定在歐洲修建一個大型的迪士尼樂園。這是一個很大膽但又蘊藏著豐厚利潤的戰略，現在看來似乎並沒有什麼方向性的錯誤，但在實施這個戰略時對準備的漠視卻使迪士尼公司遭遇了滅頂之災。

由於之前在美國本土和日本取得的成功，迪士尼的市場開發人員天真地認為，只要把現成的經營模式直接套用過去就行了，沒有必要再去做什麼市場調研，抓緊時間實施這一偉大的戰略才是最重要的。

於是，他們很快就像公司的決策者們提供了一份激動人心的報告。新修建的迪士尼樂園預計總投資四十四億美元，佔據巴黎以東兩千多公頃的土地，建設超豪華的餐廳和賓館……這份報告的依據是這樣的：

歐洲的人口比美國要多得多，美國每年都有四千一百萬人來光顧迪士尼樂園，按同比例計算，新建的樂園每年應該接納六千萬遊客才合理。同時，由於歐洲人休假的時間比美國人長，他們一定會在這裡多停留一段時間，高檔的賓館和餐廳當然是必不可少的。

可惜，這一切只是他們天真的臆斷而已，這些數字的計算並沒有建立在充分的市場調研的基礎上。沒有準備的猜測只能把企業決策者的目光引向歧途。

新樂園建成以後，迪士尼馬上就遭受到忽視準備的懲罰。從一九九二年四月開業以來，尷尬的經營狀況就使最善於製造幽默的他們再也幽默不起來了。

第一，他們沒有預料到，富有的歐洲人竟然非常節儉。到樂園來的遊客中，許多人自帶食物，根本不在樂園吃住，他們對樂園的餐廳賓館視而不見。就是住賓館的人，也不像美國佛羅里達迪士尼世界的遊客那樣，一住就是四天，他們最多只會住兩天，許多遊客一大早來到公園，晚上在賓館住下，第二天早上就結帳，然後再回到公園進行最後的探險。迪士尼樂園的門票是四十二點二五美元，賓館一個房間一晚是三百四十美元，相當於巴黎最高等級的賓館價格。如此高昂的價格，讓節儉的歐洲人望而卻步。他們寧願以減少遊覽時間來節約成本。這樣，就形成了惡性循環。時間的縮短不僅使賓館的收入減少了，同時也影響了其他部門的收入。

第二，他們不僅不瞭解歐洲人的節儉，更不瞭解歐洲文化。最開始，迪士尼公司禁止遊客在樂園內飲酒，可是歐洲人午餐和晚餐都有喝酒的習慣，因為這個原因，使許多歐洲人放棄了參觀計畫。最後，迪士尼公司只得被迫取消這個規定。

在經營時間上，他們因為沒有進行必要的調查與研究，也出現了失誤。他們盲目地認為，星期一應該比較輕鬆而星期五應該比較繁忙，所以就相應地安排了員工的工作時間與休息時間。但是因為歐洲人的作息時間與美國不同，所以情況和預計的剛好相反。

另外，迪士尼公司發現遊客有高峰期和低谷期，而且兩者間的人數相差十倍，但由於法國有關於非彈性時間的規定，他們不能在遊客低谷期減少雇傭的員工，這樣就大大地增加了費用支出。

還有，他們誤以為歐洲人不吃早餐。一個迪士尼的員工回憶說：「我們聽說歐洲人不吃早餐，因此我們縮減了早餐的供應規模，可是我們卻發現每個人都需要一份早餐。我們每天只準備三百五十份早餐，但卻有兩千五百份的需求量，購買早餐的隊伍排得好長。」一個如此大型的遊樂園卻因為早餐的供應而排起長長的隊伍，這不能不說是一個重大的失誤。

儘管迪士尼樂園的歡聲笑語每天都在重複著，儘管每個月都吸引近一百萬名遊客來觀光，儘管巴黎迪士尼是歐洲人花費最大的遊樂園，但是，原來想像中的利潤卻始終沒有出現，反倒出現了一連串觸目驚心的數字：

到一九九三年九月三十日，迪士尼樂園已經虧損了九點六億美元。

到一九九三年十二月底，累計已經損失了六十點四億法國法郎。

到第二年春天，迪士尼公司不得不再籌借大量資金來挽救歐洲的迪士尼樂園，但收效並不明顯。

不僅如此，這個幾近倒閉的樂園還面臨著沉重的利息負擔。四十四億美元的總投資中僅有百分之三十二是權益性投資，有廿九億美元是從六十家銀行貸來的，並且貸款利率高達百分之十一。因此，企業已不能靠經營來彌補由於利率上升而增加的管理費用，與銀行之間的債務重組、提供新貸款的交涉也變得十分艱難了。如此尷尬的境地，讓迪士尼公司進退兩難。

就這樣，一個原本被寄以厚望的宏偉戰略，因為市場開發人員對準備的忽視而宣告失敗，這確實使人感到遺憾。

但是，這個戰略的失敗是它本身有多麼嚴重的瑕疵嗎?其實不然。要知道，任何能夠成功實現的戰略，都應該落實到實施時的準備工作當中。將所有的戰略、決策、行動都建立在充分準備的基礎上，這才是見效最快的管理理念。

要想讓被淘汰的風險遠離自己身邊，唯一的辦法就是多做些準備。

在任何一家企業和工廠，都有一些常規性的調整過程。公司負責人經常送走那些無法對公司有所貢獻的員工，同時也吸納新的成員。無論業務如何繁忙，這種整頓一直在進行著。那些已經無法勝任工作、缺乏才幹的人，都被摒棄在企業的大門之外，只有那些最能幹的人，才會被留下來。

這種被淘汰的風險，是我們每一個人都非常關注也都感到非常困惑的問題。應對這種風險最基本的方法就是準備，準備工作多做一分，相應的風險就會減少一分。這就要求我們無論對待任何事情都必須具有「萬一……怎麼辦」的意識，做到凡事都未雨綢繆、預做準備，從而減少風險發生的機率。與之相對應的是，你所做的準備越少，承受的風險就會越大。這個道理在自然界早已得到了很好的印證。

在一望無際的大草原上，一匹狼吃飽了，安逸地躺在草地上睡覺，另一匹狼氣喘吁吁地從牠身邊經過，焦急地說：「你怎麼還躺著，難道你沒聽說，獅子要搬到咱們這裡來了，還不趕快去看看有沒有別的地方適合咱們居住。」

「獅子是我們的朋友，有什麼可怕的，再說這裡的羚羊這麼多，獅子根本吃不完，別白費力氣了。」躺著的狼若無其事地說。那匹狼看自己的勸說沒有效果，只好搖搖頭走了。

後來，獅子真的來了，雖然只來了一隻，但由於獅子的到來，整個草原上羚羊的奔跑速度變得快極了，這匹狼再也不像從前那樣輕而易舉就能獲得食物了。當牠再想搬到別處去時，卻發現食物充足的地方早已經被其他動物捷足先登了。

這個故事告訴我們，危險無處不在，唯有踏踏實實地做好準備，才是真正的生存之道。否則，當你醒悟過來的時候，危險早已經降臨到你的頭上了。

也許有人會說，有些事情是我們個人的力量所無法控制的，對於這些事情，做再多的準備也沒有用。我想提醒有這種想法的人，雖然你無法控制危險的發生，但可以憑藉充分的準備來減少甚至避免危險所造成的損失。

就像遭遇到自然災害一樣，雖然你無力改變，但有沒有準備的後果卻截然不同。

在古老的地球上，生活著種類繁多的爬行動物，有恐龍，也有蜥蜴。一天，蜥蜴對恐龍說，發現天上有顆星星越來越大，很有可能要撞到我們。恐龍卻不以為然，對蜥蜴說：「該來的終究會來，難道你認為憑咱們的力量可以把這顆星星推開嗎？」

災難終於發生了。一天，那顆越來越大的行星瞬間隕落到地球上，引起了強烈的地震和火山噴發，恐龍們四處奔逃，但最終很快就在災難中死去了。而那些蜥蜴，則鑽進了自己早已挖掘好的洞穴裡，躲過了災難。

看來蜥蜴還是比較聰明的，牠知道雖然自己沒有力量阻止災難的發生，但卻有力量去挖洞來給自己準備一個避難所。

面對大的動盪或變革，人們的心態無非就是兩種，一種是恐龍型的，一種是蜥蜴型的，但能夠站在勝利彼岸的總是早有準備的蜥蜴型的人。

多一分準備，少一分風險。你意識到了嗎？

「不為明天做準備的人，永遠不會有未來」

要成爲一名卓越的員工，就必須在明確了任務之後，對需要執行的每一步都做好準備。

一項工作可能需要許多步驟來完成，那麼同樣地，爲這項工作所做的準備也需要按每個步驟來做。也就是說，你必須爲自己的每一步都做好準備，從而確保每一步工作都能有效完成，並爲最終完成整個工作做好準備，每一步的有效相加才能有最後的成果。

曾經有一位六十三歲的老人從美國的紐約市步行到了佛羅里達州的邁阿密市。於是，一位記者採訪了他，記者想知道，遙遠路途中的艱難是否曾經嚇倒過他？他是如何鼓起勇氣，徒步旅行的？

老人答道：「其實很簡單，我所做的就是朝著平坦的地方先走了一步，然後站穩，再朝著平坦的地方邁下一步，就這樣，我就到了這裡。」

現代企業中的職業人，每天要處理大量的工作，這對他們來說是一種考驗。但要經受住這個考驗，使自己遊刃有餘，不成爲工作的奴隸，那他們就必須保證每一步工作的正確性。否則，一步錯誤就會使全盤工作亂套。那如何才能保證這一點呢?方法是像那位老人一樣，有計劃地一步一步地去工作，並爲自己的每一步都做好準備。

只有爲自己的每一步工作都做好準備，你才能使事情按你的預定軌道發展，並在問題或者危機出現之前就消滅它。你的充足準備可以讓你從容應對各種意外的出現，而不至於影響最終的結果。

所以，你必須首先制定一份詳盡的計畫，確定每一步應該怎麼做，並且爲每一步計畫的順利開展做足準備工作，這樣才能保證計畫落實到位，並向著目標一步步靠近。

但是，我們在執行計畫時常常難免會被各種瑣事、雜事所糾纏。有不少人由於沒有掌握高效能的準備方法，而被這些事弄得筋疲力盡，心煩意亂，總是不能靜下心來去做最該做的事，或者是被那些看似急迫的事所蒙蔽，根本就不知道最應該做的事是什麼。結果白白浪費了時間和精力，致使執行效率不高，效果不顯著。

上述的這種情況曾經是伯利恒鋼鐵公司總裁舒瓦普感到非常頭疼的

事，他請來了效率專家李・艾米對企業進行診斷。總裁介紹說：「我們都知道自己的目標和計畫，但不知怎樣才能更好地執行。」

李・艾米表示讓他與公司每位經理談五分鐘，他即可改善公司的工作效率，增加公司的銷售額。舒瓦普問：「我要花多少錢？」李・艾米說：「您不用馬上給我錢，等你認為有效果了，你覺得該值多少錢，寄張支票給我就行了。」

舒瓦普同意了，於是李・艾米與每位經理都談了五分鐘。談話的內容很簡單，專家只要求他們在每日工作終了時，將次日需要完成的六件最重要的工作寫下來，並依重要性順序編號。次日早晨從表上的第一件工作開始，每完成一項便將它從表上劃去，若有當日沒完成的工作，則必須列入次日的表中。每位經理需切實執行三個月。

整個會見歷時不超過一個小時。幾個星期之後，李・艾米收到了一張三萬美元的支票和一封信。舒瓦普在信中說，從錢的觀點上看，那是他一生中最有價值的一課。

看來，李・艾米也給我們上了一課，他使我們意識到，在你開始每天、每週、每月甚至每年的工作之前，一定要清楚在這期間你要做的最重要的事是什麼，並把它清清楚楚地列出來。這樣的準備工作才是最有效的。

如果你不知道怎麼區別重要的和次要事務的話，我還可以告訴你一個簡單的判斷方法那就是請你想一想，你將要做的這件事，是否會使你離目標更近。

讓準備成為一種習慣吧，它會使你受益無窮！

不為明天做準備的人永遠不會有未來。

思路決定財路、出路、活路

作者：張旭
發行人：陳曉林
出版所：風雲時代出版股份有限公司
地址：10576台北市民生東路五段178號7樓之3
電話：(02) 2756-0949
傳真：(02) 2765-3799
執行主編：劉宇青
美術設計：吳宗潔
行銷企劃：林安莉
業務總監：張瑋鳳

初版日期：2019年1月
版權授權：馬峰
ISBN ：978-986-352-663-6

風雲書網：http://www.eastbooks.com.tw
官方部落格：http://eastbooks.pixnet.net/blog
Facebook：http://www.facebook.com/h7560949
E-mail：h7560949@ms15.hinet.net
劃撥帳號：12043291
戶名：風雲時代出版股份有限公司

風雲發行所：33373桃園市龜山區公西村2鄰復興街304巷96號
電話：(03) 318-1378
傳真：(03) 318-1378
法律顧問：永然法律事務所 李永然律師
北辰著作權事務所 蕭雄淋律師

行政院新聞局局版台業字第3595號 營利事業統一編號22759935

定價 ：280元

國家圖書館出版品預行編目資料

思路決定財路、出路、活路 /張旭 著. -- 初版. --
臺北市：風雲時代，2018.12- 面；公分

ISBN 978-986-352-663-6（平裝）
1.成功法 2.思考

177.2 107019116